面白くてよくわかる 学校で教えない教科書

新版

江戸の暮らし

江戸の町と
庶民・武士の生活事情

東京大学史料編纂所 教授
山本博文 監修
カバーイラスト 紗久楽さわ

日本文芸社

はじめに

少し前の江戸時代の本では、「士農工商」という用語が載っていた。江戸時代の身分は、武士、農民、職人、商人の順だった、とするものである。

しかし、幕府は、基本的な身分を武士と町人と百姓に区分していた。武士は言うまでもなく支配階級で、町人は町に住む被支配身分、百姓は村に住む被支配身分で、農工商の間に身分差はなかった。

その身分差よりも、百姓では本百姓、小前《こまえ》百姓、水呑《みずのみ》百姓の身分的・経済的格差のほうが大きかった。本百姓は一定以上の農地を所持し、役を負担する者、小前百姓はわずかな農地しか持たない者、水呑百姓は農地を持たない者である。町人では地主、家持、借家人の身分的・経済的格差があった。

しかし、研究が進むと、北陸地方の水呑百姓の中には、大きな船を所有して上方から蝦夷《えぞ》地まで日本海を航行し、大きな富を蓄える者がいたこともわかってきた。また、裕福な町人は下級の武士よりもはるかに経済的には恵まれており、子弟のために旗本株や御家人株を購入する者もある。武士と町人の境界は、意外と曖昧《あいまい》なのである。

武士社会についても、大名家に残された史料が次々に公開され、急速に研究が進んだ。

筆者は、長州藩の史料を管理する山口県文書館で、江戸時代初期の留守居役福間彦右衛門の日記を分析し、福間が幕府と藩、藩と藩の外交官として活躍する姿を描いた『江戸お留守居役の日記』

（読売新聞社）という本を書いた。これによって、幕府と藩の交渉の実態が明らかになった。福間は、旗本たちとの人脈を作り、老中の中にも指南役を受け持つ者がいて、幕藩間の交渉を円滑に運んでいたのである。

この中で、江戸に来た藩士がトラブルに巻き込まれ、町奉行所と交渉する事件がある。藩士は、陪臣（将軍の直臣である大名の家臣）であるから、町奉行所で裁かれるのである。

将軍家のお膝元・江戸の町人は、将軍の民であるから、いかに武士身分であるとはいえ町人を疵《きず》付けたりすると、厳しい処分が待っていた。そうなると、藩士は江戸の町人に遠慮し、逆に江戸の町人は増長して武士を武士とも思わないようになる。それが江戸時代の実態だったのである。

武家地に比べると狭いが、大江戸八百八町と謳《うた》われるほどに拡大した江戸の町では、さまざまな娯楽が提供されるようになった。それとともに、芸能や絵画も含めた出版文化が発達してくる。

江戸時代前期の元禄文化のころは、上方の文化が主流であったが、後期の文化・文政時代には、江戸の庶民文化が花開いていく。庶民は、歌舞伎や寄席を楽しみ、多色刷りの鈴木春信らの浮世絵を購入し、貸本屋で滝沢馬琴の『南総里見八犬伝』などの読本を借りて読んだ。教育水準も非常に高く、識字率では同時代の欧米諸国を凌駕《りょうが》していたとされる。

江戸の発展は、参勤交代という江戸時代特有の制度が深く関わっている。大名が隔年に国元から江戸に参府し、将軍に挨拶するのが参勤交代である。大名は、幕府から江戸に屋敷地を拝領し、江戸屋敷を建て、正室やその子を江戸に置いている。

当初は人質として江戸に置かれたのだが、次第にそれが当たり前のように思われるようになる。大名の跡継ぎは江戸で成長し、他の大名や旗本らとも交際し、大名になって初めて国元の土を踏む、というようになる。

藩士も参勤交代のお供として江戸に出て、江戸の文化を吸収し、他藩の者とも交際するようになる。また、参勤交代の行列は、街道筋の宿場や城下町を潤し、さまざまな情報も行き交うことになる。

こうして、江戸時代は、全国が比較的均等に発展していくことになったのである。


本書では、「お江戸八百八町の実態と江戸城」「武士の生活と幕府の統治」「江戸庶民のお財布事情」「庶民を熱狂させた江戸の文化」「江戸っ子の楽しみと流行」「江戸を揺るがせた大事件簿」「三大改革とお家騒動」の七つの章構成とし、江戸時代をさまざまな視点から解説している。

本書を読めば、これまで自分が学んできたり、常識だと思っていたりした江戸時代の姿の多くが誤りだったことに気づくにちがいない。日本史の教科書の副読本として、あるいは時代劇を見る時の参考書として活用していただきたいと思う。

２０１８年４月

東京大学史料編纂所教授　山本博文

面白くてよくわかる　新版　江戸の暮らし

目次

第二章 武士の生活と幕府の統治

江戸幕府を支えた統治システム

第三章

江戸庶民のお財布事情

農工商の人々の暮らし

第四章

庶民を熱狂させた江戸の文化

隆盛を極めた町人文化

第五章

江戸っ子の楽しみと流行

今でも粋な江戸の感性

第六章

江戸を揺るがせた大事件簿

火事と喧嘩は江戸の華

第七章 三大改革とお家騒動
改革の功罪と諸藩の事情

コラム

第一章

お江戸八百八町の実態と江戸城

江戸の町の変遷と都市基盤

世界有数の大都市・江戸はこうして生まれた

〝城郭都市〟から近世都市へ

初期の江戸は一種の〝城郭都市〟だった。しかし「明暦の大火（振袖《ふりそで》火事《かじ》）」がこれを焼き払うと、幕府は新たな構想のもとに市街の町割に着手する。同時にこれは、町方人口の急激な増大への対応という意味からもタイムリーだった。まず、大名《だいみょう》に広大な屋敷地を与えて邸宅を移転させ、市街地の大幅な拡大を図った。町地に点在していた寺社も浅草《あさくさ》周辺などへ集中的に移転させ、跡地に広小路《ひろこうじ》と呼ばれる防火用の空地を設定した。

町地《まちじ》は道路を拡張し、宅地を京間60間《けん》（約１１８ｍ）四方の碁盤目《ごばんめ》状に区画した。表通りに面して地所持《じしょもち》や店持《たなもち》の商人・棟梁などに家を構えさせ、裏通りに面して借家人が居住する低層民間アパート〝長屋《ながや》〟を建てる。また、宅地の中心部は20間四方の会所地《かいしょち》とする。

区画整理された宅地は、街道や大通り沿いに整然と配置された。火事の翌年（１６５８年）に江戸の髪結《かみゆい》株が1町に1カ所ずつ８０８株に定まったと『武江年表《ぶこうねんぴょう》』にあり、こ

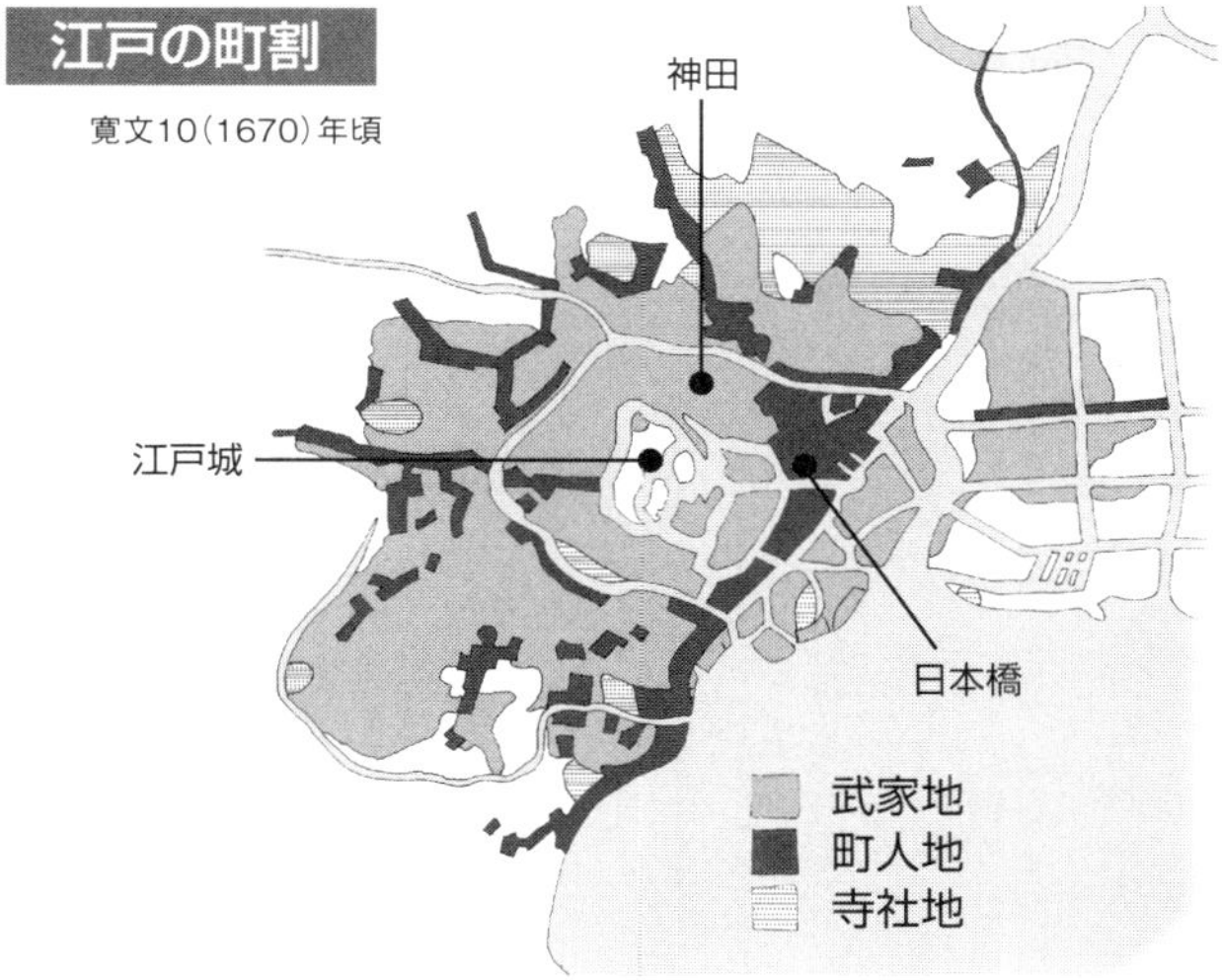

れが〝お江戸八百八町〟の由来であることがわかる。

その後も町方人口は増え続け、本所《ほんじょ》・深川《ふかがわ》などの埋立地や近郊の町並地・寺社門前地なども町奉行支配に編入されて、延享2（1745）年には町数1678となった。

明治3（1870）年の調査でも、江戸市街総面積のうち70％が武家地で、16％が寺社地、町地はわずか14％にすぎない。町地の人口密度は6万人／㎢を軽く超え、現在日本一とされる東京都豊島区の3倍以上の過密ぶりだ。

とはいえ、八つぁん・熊さんたちの人情味溢れる江戸っ子気質が生まれたのは、この密度の濃さと無関係ではないだろう。

1戸あたりが6畳間の広さしかない〝九尺二間〟の長屋に暮らす庶民たちの間には、まさに家族同然の連帯感が育まれたのである。

インフラ整備も万全
——江戸の水陸交通網

「すべての道は日本橋へ通ず」

徳川家康《とくがわいえやす》は、慶長《けいちょう》6（1601）年に早くも江戸〜京都間の交通路整備に乗り出し、東《とう》海道《かいどう》の各宿場に伝馬《てんま》36頭を常駐させた。

翌年には中山道《なかせんどう》でも伝馬が制度化され、両街道には新規の宿駅《しゅくえき》が設けられて旅行の便《べん》宜《ぎ》が図られると同時に、荷の重量制限令がしかれ、駄賃や船賃などが徴集された。

さらに、開府後の慶長9年には、全国共通の距離単位として36町を1里《り》（約4㎞）と定め、各街道に里程標として〝一里塚〟を築いた。「くたびれたやつが見つける一里塚」とは後の川柳だが、その設置は諸街道の確立に重要な意味を持ったのである。

2代将軍・秀忠《ひでただ》は、江戸日本橋《にほんばし》を起点に放射線状に〝五街道〟を整備し、3代将軍・家《いえ》光《みつ》は参勤交代を制度化した。続く万治《まんじ》2（1659）年には道中奉行《どうちゅうぶぎょう》を創置し、街道筋の改修・整備や、架橋、渡船、宿駅、助郷《すけごう》、人馬賃銭などを幕府直轄とした。

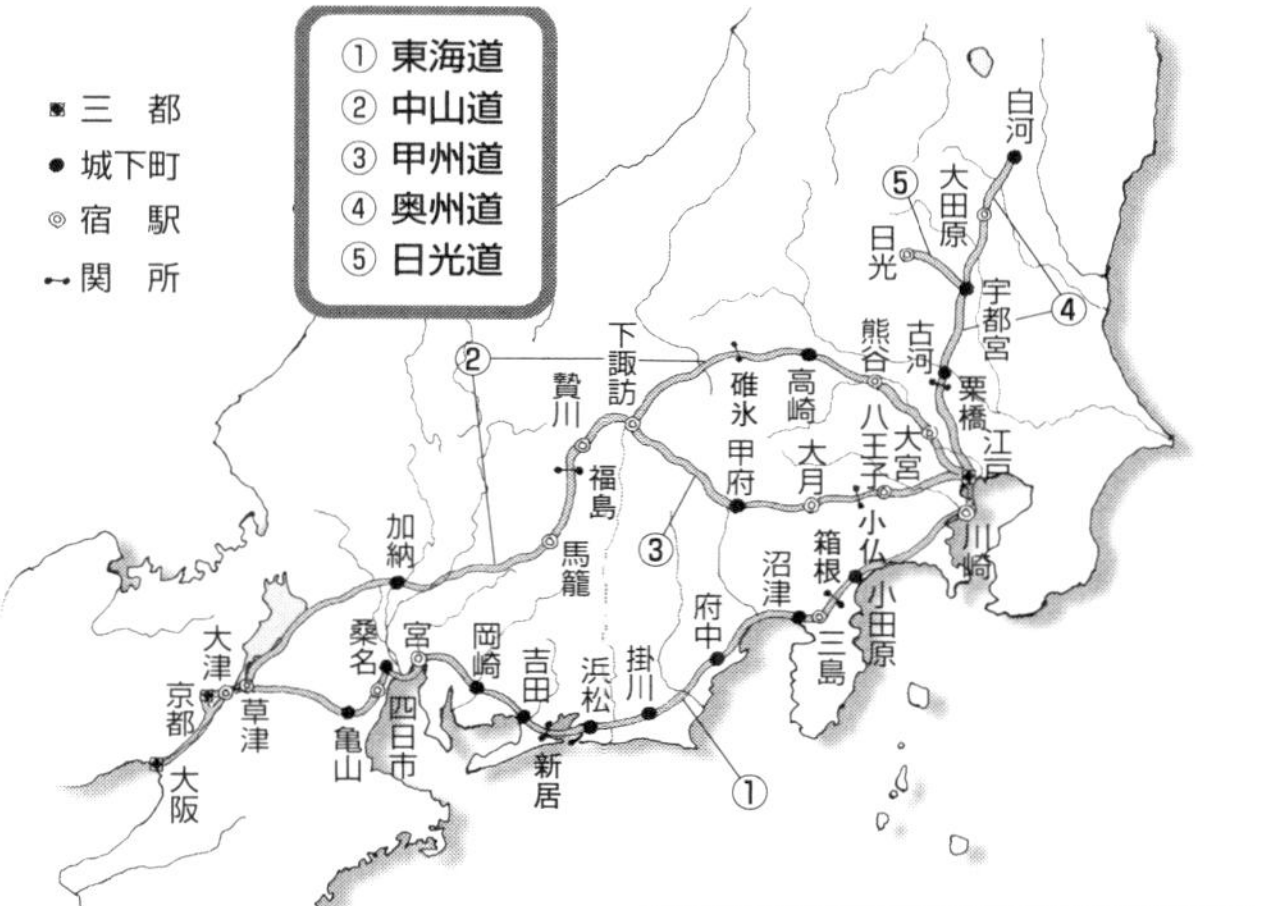

五街道とその主な地名

日本橋の周辺には交通に関係する町が発生した。大伝馬町《おおでんまちょう》、小伝馬町《こでんまちょう》、南伝馬町《みなみてんまちょう》の〝三伝馬町〟には伝馬役の役宅が置かれ、幕命によって、馬や駕《か》籠《ご》、継飛脚《つぎびきゃく》、人足などの管理にあたった。いわば公認のツーリスト業である。神田川《かんだがわ》沿いの馬喰町《ばくろちょう》は江戸と名馬の産地を結ぶ奥州道中の出入口で、馬の世話・売買に従事する人々が住んだ。神田には南北の乗物町《のりものちょう》があり、駕籠造りの職人が集住した。

現在も「日本国道路元標《にほんこくどうろげんぴょう》」がある日本橋はわが国の全道路の起点だ。五街道は自動車の行き交う「国道」へと姿を変えたが、江戸初期から今に至るまで「すべての道は日本橋へ通ず」という言葉の意味は生きている。

五街道のうち東海道は、江戸から京都まで１２６里半の旅程に、品川《しながわ》～大津《おおつ》の宿駅53が置かれた。山間部を通る中山道は１２０里の旅程に板《いた》橋《ばし》～守山《もりやま》の宿駅67が置かれ、草津《くさつ》で東海道と合流して計130里69宿あった。

甲州道中《こうしゅうどうちゅう》55里は、内藤新宿《ないとうしんじゅく》～上諏訪《かみすわ》の39の宿場（裏6宿を加えることもある）を経て次の下諏訪《しもすわ》で中山道と合流した。

奥州道中《おうしゅうどうちゅう》は、千住《せんじゅ》から宇都宮《うつのみや》を経て白河《しらかわ》まで27宿が道中奉行の管轄で、その先の仙《せん》台《だい》～盛岡《もりおか》～三厩《みんまや》を経て蝦夷地《えぞち》の松前《まつまえ》に至る仙台松前道《せんだいまつまえみち》と合わせると全部で290里もある。

日光道中《にっこうどうちゅう》36里は宇都宮まで17宿が奥州道中と同じ。そこから6宿で日光に達した。

本郷追分《ほんごうおいわけ》で中山道と分かれ、岩淵《いわぶち》、鳩ヶ谷《はとがや》、岩槻《いわつき》を経て幸手《さって》宿で日光道中と合流する〝日光《にっこう》御《お》成道《なりみち》〟は、将軍社参の専用コースだ。諸街道の最初の宿場にあたる品川宿、板橋宿、千住宿、内藤新宿は〝江戸四宿《えどししゅく》〟と呼ばれ、いずれも繁栄した。

〝水の都〟としての江戸

江戸はもともと水利に恵まれた地形だったが、幕府は、大規模な埋立と治水事業によって城下町を一大港湾都市へと変貌させた。さらに豪商・河村瑞賢《かわむらずいけん》が開いた東廻航路と西廻航路によって、全国の生産地と流通拠点、消費地を結ぶ流通システムが確立する。上方～江戸間には、菱垣廻船《ひがきかいせん》、樽《たる》廻船などの定期便が運行して多くの〝下り物〟をもたらした。

江戸の水上交通

江戸においては、水上交通は重要な移動・移送手段であった（「江戸名所図会」を元に作成）

日本海側からの船が東廻航路で江戸に入るコースには、津軽海峡を経て太平洋を南下、房総半島を迂回して江戸湾入りする〝大廻〟と、波の荒い房総沖を避けて銚子《ちょうし》や那珂湊《なかみなと》から内陸部に入る〝内川《うちかわ》廻《まわり》〟の2通りがある。

内川廻ルートを安定させたのは、200年がかりで完成した利根川《とねがわ》の流路変更工事である。氾濫《はんらん》を繰り返した〝坂東太郎《ばんどうたろう》〟が銚子から太平洋に注ぐようになって、関東の水運はいっそう発展した。

江戸市中には小舟が荷の揚げ下ろしをする河岸《かし》が急増した。大名などの蔵屋敷《くらやしき》付属の河岸のほか、民間の商業資本による河岸も活況を呈した。

江戸に入った大量の物資は、張り巡らされた運河や掘割の水上交通網を通って各々の保管先へと運ばれていったのである。

江戸は〝水の都〟でもあったのだ。

江戸に張り巡らされた上水道網の裏事情

大久保〝モント〟の上水開削

幕府が江戸建設に関して最も心を砕いたのは、飲料水の確保だった。

天正《てんしょう》18（1590）年、家康の直命を受けた大久保忠行《おおくぼただゆき》が、高田川《たかだがわ》から水を引いて「小《こ》石川上水《いしかわじょうすい》」を建設したのが江戸の上水道の初めである。

この功績で大久保忠行は主水《もんど》の名を与えられたが、せっかくの水道が濁っては大変なので、あえて〝モント〟と名乗った。

この「小石川上水」がさらに拡張され、井《い》の頭池《かしらいけ》（三鷹市《みたかし》）から取水する「神田上《かんだじょう》水《すい》」となる。しかし、西南側の山の手地域は、頼みの綱の赤坂溜池《あかさかためいけ》（港区）が水質悪化などで限界に達し、何らかの対策が必要だった。

承応《じょうおう》2（1653）年4月から開始された「玉川上水《たまがわじょうすい》」開削工事の立役者は、庄右衛《しょうええ》門《もん》・清右衛門《せいええもん》という民間人の兄弟である。

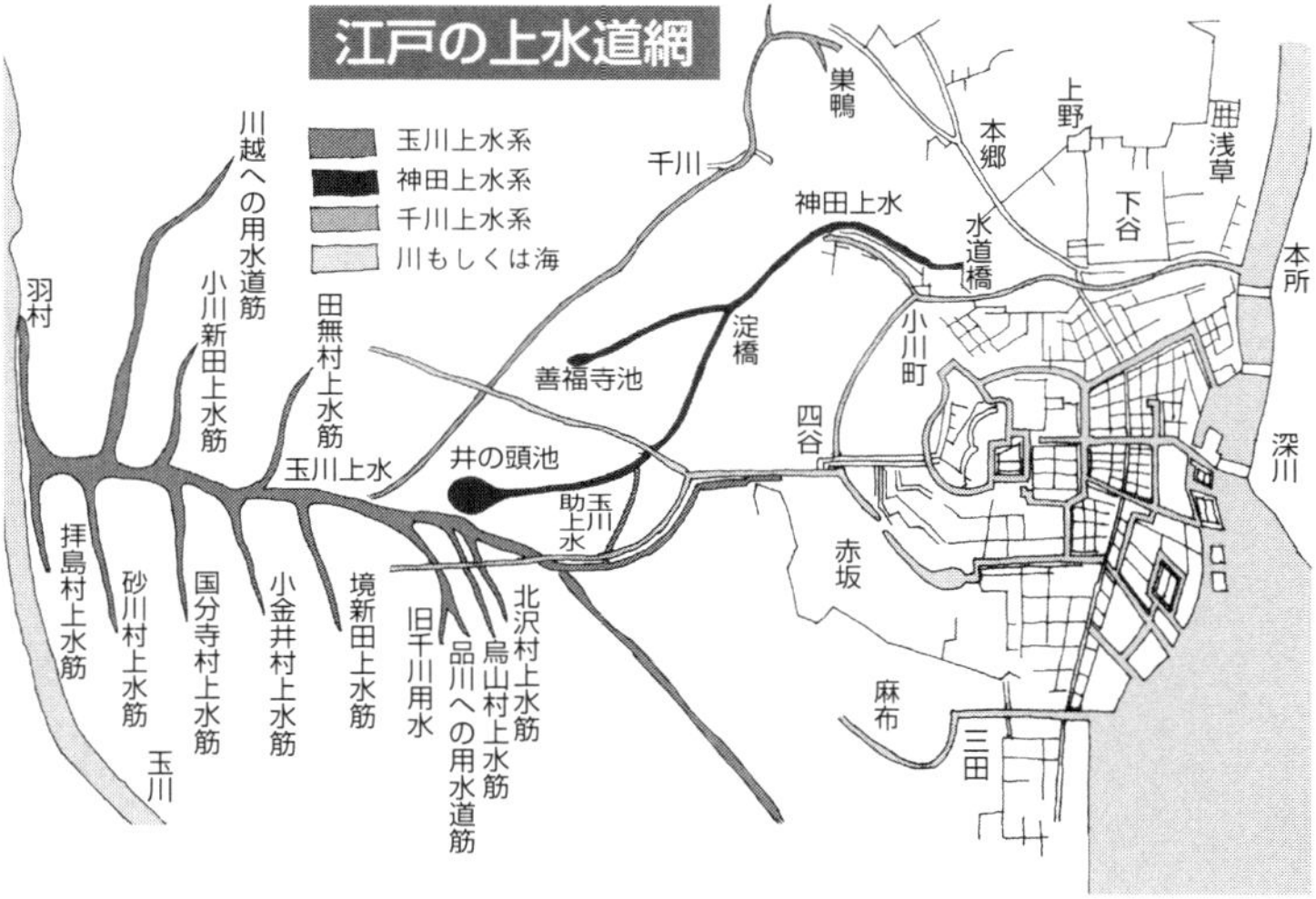

2人は、幕府の公金7千両《りょう》と3千両の自己資金により、開始から7カ月後の11月15日、羽村取水堰《はむらしゅすいぜき》（羽村市）から四谷大木戸《よつやおおきど》（新宿区）までの水路を完成させた。

翌年、虎ノ門《とらのもん》までの地下水路も完成し、市中への通水を開始。兄弟は玉川の姓を与えられ、子孫は代々上水役を務める身分となった——と、ここまでは有名な話だが、じつは元文《げんぶん》4（1739）年に、両家とも3代目で改易《かいえき》、江戸追放に処されている。どうやら水道料にあたる〝水銀《みずぎん》〟徴収の不正があったようだ。

それ以降も「本所《ほんじょ》」「青山《あおやま》」「三田《みた》」「千川《せんかわ》」の4上水が開削されたが、これらは天明《てんめい》6（1786）年までに廃止されてしまった。

江戸っ子は水道を誇りとしたが、本当は、立地条件のマイナス面から生まれたものだったのである。

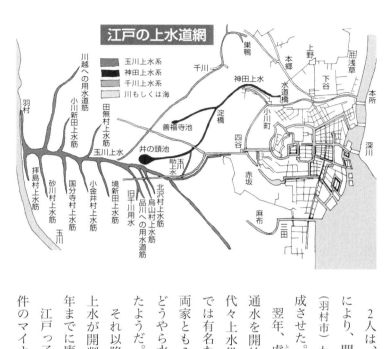

世界一の〝清潔都市〟・江戸の下水道とリサイクル

好結果につながった〝水洗追放〟

上水道だけでなく、幕府はかなり早い段階から生活廃水を排出する下水道を整備した。一方で、下水道へのゴミ捨て厳禁を発令すると共に〝川岸付近のトイレ撤去令〟〝下水上のトイレ禁止令〟を相次いで発し、江戸から〝水洗トイレ〟を追放している。

近郊農業にとって貴重な有機肥料を確保しようという経済政策だが、農民が武家屋敷や町方とトイレ掃除の契約を結び〝肥料〟を引き取るシステムが確立すると、これが衛生面でも好結果につながった。生活廃水は敷地内の溝から公共の「小下水」「大下水」を通って堀や川へ流され、混入したゴミが河川に流れ出ないよう排水溝に杭を打ち込んだり、定期的に溝や堀を浚《さら》うメンテナンスも実施されていた。

14世紀に下水道ができてから４００年以上も手入れをしなかったパリや、19世紀半ばになっても糞尿《ふんにょう》混じりの下水をテムズ川に垂れ流したロンドンなどの例を思えば、来日

江戸の修理・再生業

鋳掛《いか》け

金属製品の修理専門業者で、古い鍋や釜などの底に穴があいてしまったときは、この鋳掛け屋が来るのを待って修理してもらった

瀬戸物の焼き接ぎ

以前は陶磁器などの修理には、漆を使って接着をしていたが、寛政年間頃になって、白玉粉を使って接着する方法(焼き接ぎ)が考えられた

下駄の歯入れ

下駄は歯の部分が特に早くすり減ってしまうので、歯だけを交換できるようにした、機能的な下駄があり、歯だけを抜いて新しいのに差替えていた

臼《うす》の目立て

江戸時代では、まだ自分で小麦粉などを石臼を使って挽く人が多かった。石臼は重くて簡単に運べないので、専門の石工が得意先を廻っていた

箍屋《たがや》

江戸時代では、液体を入れる容器は、木製の桶や樽などであった。この桶や樽の板を円筒形に締めている竹の箍を、材料と道具を持った職人が巡回して修理をしていた

外国人たちが江戸の清潔さに感嘆したのも無理はないのである。

消費都市の宿命である大量のゴミについても、回収のルールが定められ、町々が処理費用を負担して専門業者に引き取らせることになっていた。

そして、このゴミや汚泥を使って永代島《えいたいじま》や越中《えっちゅう》島《じま》（共に江東区）といった埋立地が続々と造成されていったのだ。

江戸には、都市問題の解決がビジネスチャンスとなる経済環境があった。質屋、古着屋、古道具屋等のリサイクル8業種――〝八品商《はっぴんあきない》〟が大いに繁昌した。しかも、リサイクル以前に、使えるモノは修理して何度も使う習慣も定着していた。

手放しで礼讃するのはどうかと思うが、少なくともこれらの点において、われわれは江戸の先進性に大いに学ぶべきではないだろうか。

火事に脆い都市ゆえに花形となった町火消し

瓦の技術革新による政策変更

元禄《げんろく》4（1691）年にオランダ商館の医師ケンペルが書き留めた江戸市中の町屋の様子を要約して紹介しよう。

「家は小さくて低く、松材や漆喰《しっくい》の薄い壁から造られ、内部には紙の障子と襖《ふすま》を立て、床には藺草《いぐさ》の畳が敷かれ、屋根は松のこけら板で葺《ふ》いてあって、すべての物がいわば燃えやすい材料で組み立ててある」

「振袖火事《ふりそでかじ》」後に幕府は耐火建築を奨励したが、瓦葺《かわらぶき》は商家の土蔵以外禁止とされていた。平瓦《ひらがわら》と丸瓦《まるがわら》を組み合わせる〝本瓦葺《ほんがわらぶき》〟は高価で相当の重量があり、地震時の安全面からもコスト面からも町屋には荷が重かった。

しかし、延宝《えんぽう》年間（1674〜81）に近江《おうみ》の西村半兵衛《にしむらはんべえ》が考案した一体成形の〝桟瓦《さんがわら》〟（現在の瓦とほぼ同じもの）は、軽くて大量生産が可能な上に工費も画期的に安い。火事多発

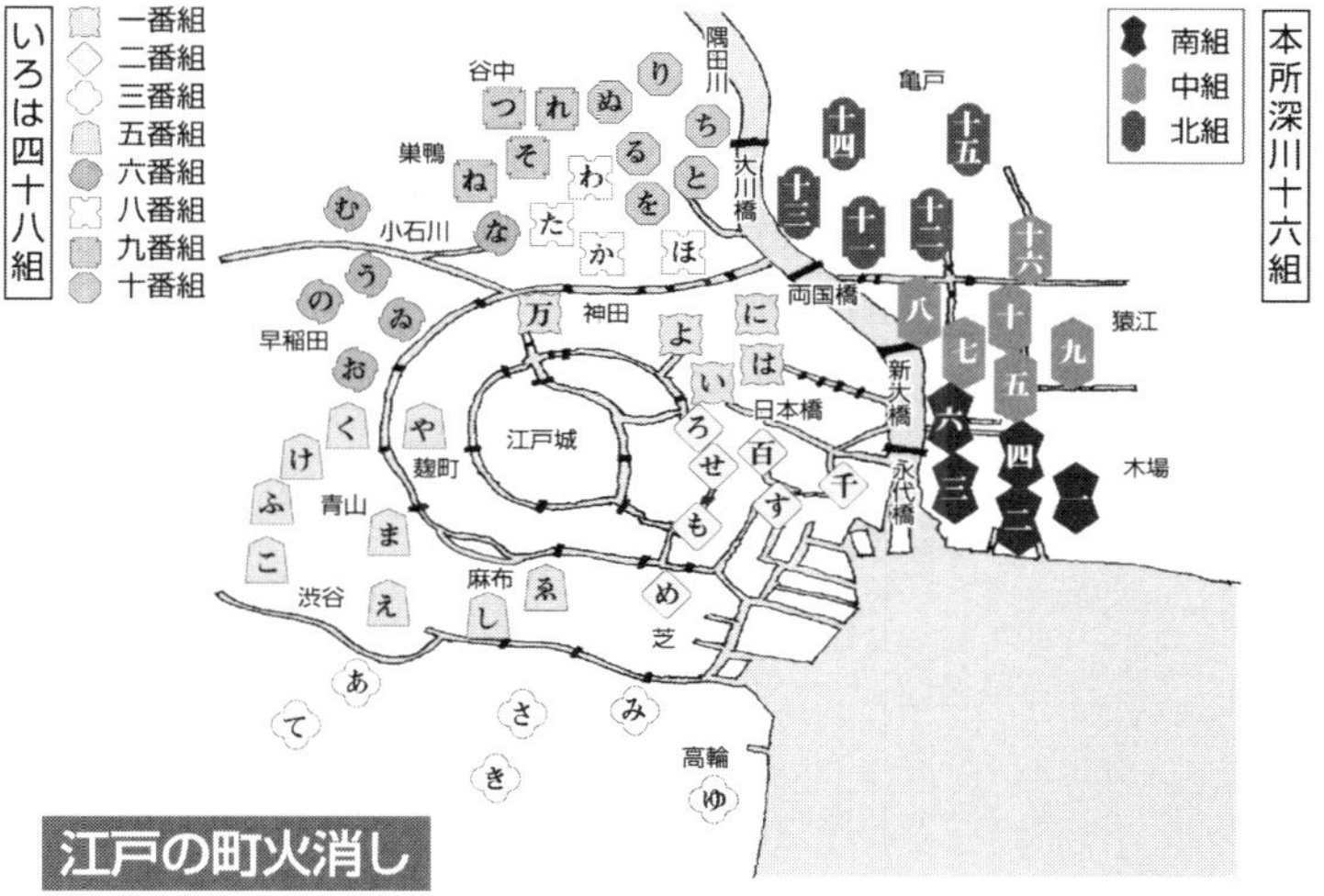

江戸の町火消し

に頭を抱えていた幕府はこれに飛びつき、享保《きょうほう》5（1720）年から一転して町人に瓦葺や塗屋造《ぬりやづくり》・土蔵造《どぞうづくり》を奨励するようになった。

塗屋造は木造家屋の外壁を漆喰で固める工法で、特に壁を厚くして窓や扉などを特殊な備えにしたものが土蔵造だ。しかし、土蔵建築は坪単価にして15両《りょう》ほどもかかる。

幕府は公役免除や建築資金貸付などの援助策で、奨励から強制へ、ついには命令して耐火建築を普及させようとしたが、瓦屋根が少々増えた程度に止まらざるを得なかった。

ケンペルは日本橋《にほんばし》で「ヨーロッパの軍隊式の隊形をした約100人の消防隊の行進」と出会っている。これはおそらく「振袖火事」の翌万治《まんじ》元（1658）年に組織された定火消《じょうびけ》しの一隊だろう。高禄の旗本に火消屋敷《ひけしやしき》を与え、役料300人扶持《ぶち》で火消人足を抱えさせたもので、配下は与力《よりき》6名、同心《どうしん》30名、臥煙《がえん》と称する火消人足100人である。

それ以前からの大名火消しもこのときに再編成され、3万石《ごく》以上10万石以下の譜代大名15人による方角火消《ほうがくひけ》しと、大藩による奉書火消《ほうしょひけ》しが江戸城や重要施設の防火・消火に当たることとなった。後者の代表が前田家の火消隊〝加賀鳶《かがとび》〟である。

定火消しは18世紀初めに10組で定着したので「十人火消《じゅうにんひけ》し」ともいう。火消屋敷10カ所は江戸城の北部と西部に配置され、大部屋の臥煙たちは丸太棒を枕にして眠った。火災が起きると、不寝番《ねずばん》が棒の端っこを槌《つち》でカンカン叩いて起こすのである。

江戸っ子のアイドル・町火消し

享保3年、時の町奉行・大岡忠相《おおおかただすけ》は新たに町火消《まちひけ》しを組織する。初めは風上《かざかみ》2町と風脇《かざわき》左右2町が30名ずつ人手を出すという仮制度だったが、同5年、隅田川《すみだがわ》より西の町々を47の小組に編成し、いろは四七文字を組名とした。この際、へ、ら、ひ、3字を避け、代わりに百、千、万とした話は有名だ。本所《ほんじょ》、深川《ふかがわ》も16の小組に分け、同時に各組ごとに目印となる纏《まとい》と幟《のぼり》を定めた。

指揮は町奉行所の与力・同心がとる。経費はすべて町の負担である。最初のうちは店借《たながり》人《にん》や奉公人などを駆り出したが、燃えている家を潰したり、風下の家を引き倒して延焼を防ぐといった破壊消防が主流の時代、現実にはアマチュアは足手まといでしかなかった。そこで、町火消しの主力は次第にプロフェッショナルな鳶人足《とびにんそく》へと移行していく。

鳶人足は、各組ごとに、頭《かしら》、纏持《まといもち》、梯子持《はしごもち》、平人足と階層化され、本業の収入以外に町内から手当と火事場装束などを支給された。

町火消しは享保7年に武家地での消火活動も認められ、気勢が大いにあがった。同15年には各町の負担軽減のため人足数を30名から15名に半減したものの、47組を一番組から十番組までの大組に編成したことで、かえって火元への組織的な動員が可能となった。

町火消しの数は1万人にものぼり、江戸消防の中心的な役割を担った。人数も少なく、どちらかというと影の存在だった民間警察官の岡《おか》っ引《ぴき》に比べてまことに対照的である。

延享《えんきょう》4（1747）年の江戸城二の丸炎上に際しては、城内に入ることを許されるという栄誉に輝いた。さらに時代が下ると、大名火消しや定火消しは衰退し、市街地での消火活動は町火消しの独壇場となった。

「芝で生まれて神田で育ち今じゃ火消の纏持ち」

粋でいなせな町火消しの花形・纏持は、まさに火事の町・江戸が生んだ江戸っ子のアイドルだった。

現代では想像もつかない江戸の医療体制事情

医者だらけなのに売薬全盛⁉

江戸時代には誰でも医者になれた。たとえば『雨月物語《うげつものがたり》』で有名な上田秋成《うえだあきなり》は、38歳で焼け出されて生活に困り、2年ほど医術をかじってすぐ開業している。

さて、江戸にも医者が多かった。それなのに、医者にかかれる人はわずかだった。幕府抱えでも無役の寄合医《よりあいい》や小普請医《こぶしんい》は、腕をみがくため町方の患者も診たが、薬を調合してもらうと恐ろしく高額になった。

町医者でも事情は同じである。そのため、庶民は、安価な売薬や鍼灸などに頼る。富山の「反魂丹《はんごんたん》」、伊勢の「万金丹《まんきんたん》」、近江の「和中散《わちゅうさん》」などが庶民の〝万能薬〟として有名だった。

享保《きょうほう》7（1722）年、町医・小川笙船《おがわしょうせん》の目安箱《めやすばこ》投書がきっかけで、小石川薬園《こいしかわやくえん》内に官営の「養生所《ようじょうしょ》」が完成した。町奉行配下の与力・同心が監督にあたり、小普請医2名

小石川養生所の見取図

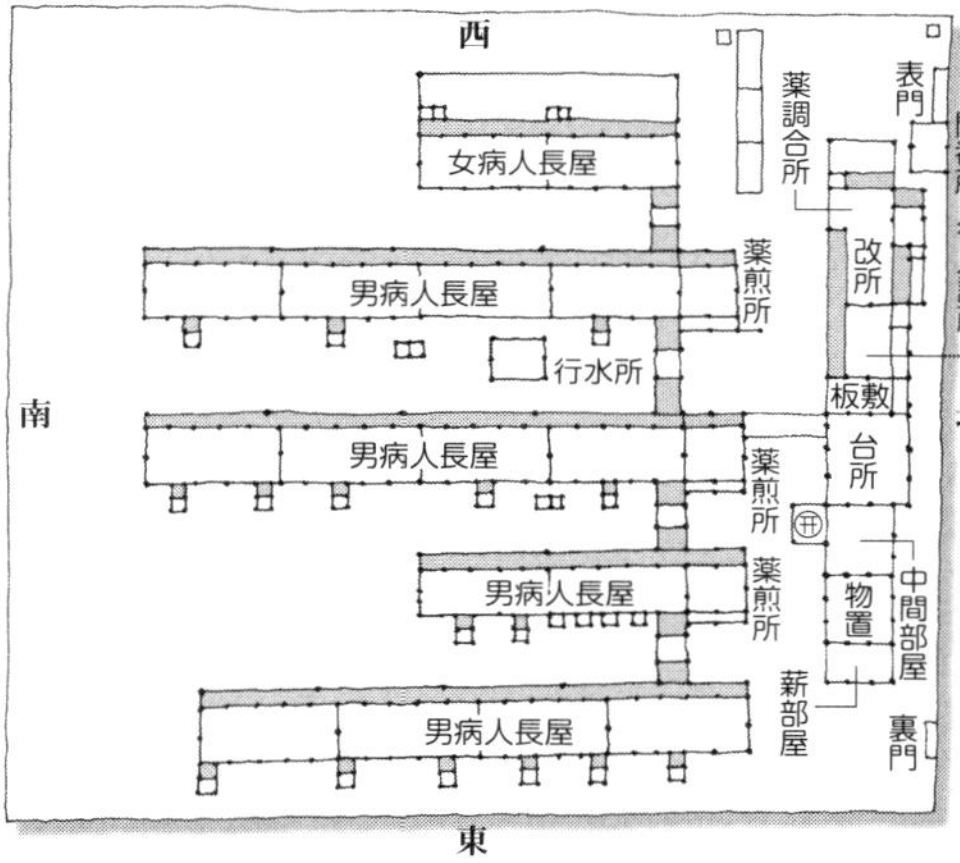

が常勤、夜間救急医としてほかに1名、近在の大《だい》名抱《みょうかかえ》医師2名が非常勤という体制である。後に医師5名が常勤となったものの、年間３００両《りょう》以下という予算不足がたたり、苦しい運営が続いた。

この間に、入院患者の定数削減や入院期間の短縮などが行なわれ、後には幕府の医師派遣も廃止されて町医者を雇う制度に変わる。

江戸の医療態勢は決して満足のいくものではなかった。ただ、誤解のないように付け加えれば、この当時、ヨーロッパであろうと中国であろうと事情は同じだったのである。高度な手術など不可能だから、患者には薬を適当に与えて金をふんだくっていた。

医学が急速に進歩したのは、20世紀を迎えて以降のことだったことを忘れてはいけない。

〝この世の地獄〟の牢屋敷と鬼平が発案した人足寄場

牢内自治制は〝この世の地獄〟

江戸小伝馬町《こでんまちょう》（中央区）にあった牢屋敷《ろうやしき》の特徴的なシステムは、自らも囚人である〝牢内役人〟が、幕府役人との暗黙の了解のもとに密室の自治をしいた点である。

牢内役人には席次があり、食事や差し入れの独占配分など多くの特権を有した。

庶民階級の未決囚が入る雑居房「大牢《おおろう》」は30畳ほどの広さだが、多いときはそこに100人以上も詰め込まれた。時代劇でお馴染みの〝牢名主《ろうなぬし》〟が10枚重ねの〝見張畳《みはりだたみ》〟に座っている一方、平囚人は18人で1畳という場合もあったらしい。これでは、立ったまま眠らねばならない。また〝命《いのち》の蔓《つる》〟と称する裏金を持ち来まない者は拷問を受けた。

江戸後期の相場で、無宿者でも最低金2分《ぶ》～1両《りょう》余り、人別《にんべつ》のある者は2～3両である。別格扱いしてもらえる〝穴《あな》の隠居《いんきょ》〟となるには10両以上も必要だった。牢内役人の存在と娑婆《しゃば》と対照的に劣悪な衛生環境が牢屋敷を〝この世の地獄〟とし、多くの牢死者が出た。

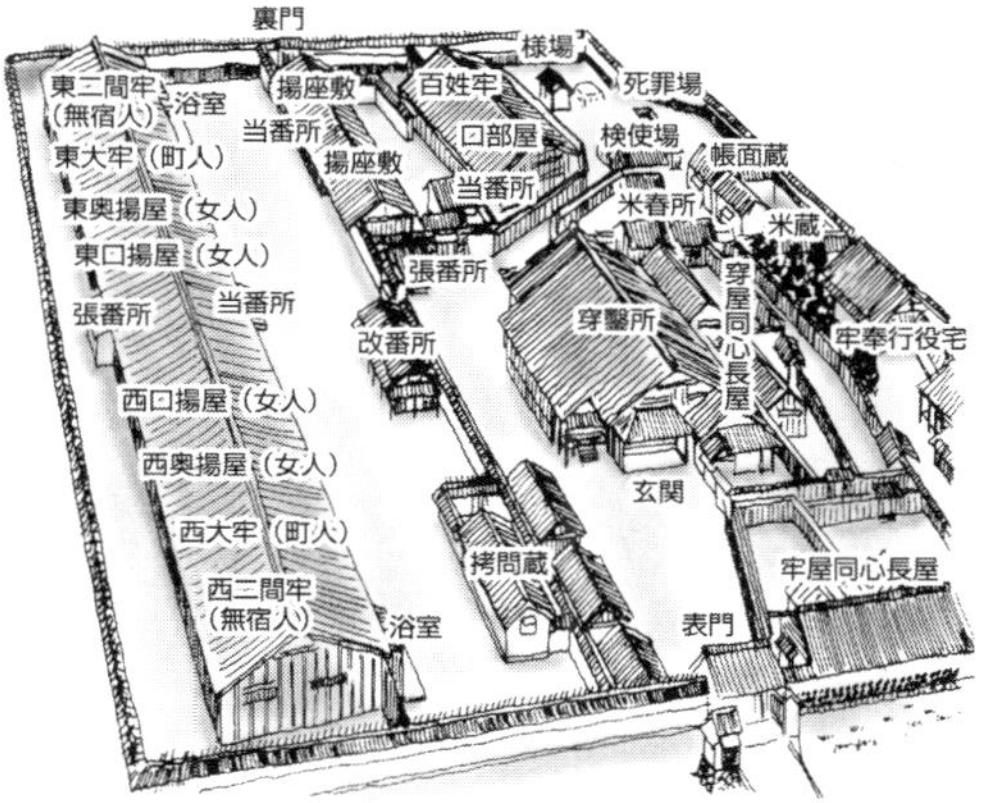

牢屋敷と人足寄場

上：小伝馬町牢屋敷の俯瞰図
左：人足寄場の作業の様子

寛政《かんせい》2（1790）年に〝鬼平《おにへい》〟こと長谷川宣以《はせがわのぶため》の発案で老中・松平定信《まつだいらさだのぶ》が設置した石川島《いしかわじま》（中央区）の人足寄場《にんそくよせば》は、無宿《むしゅく》者や引き取り手のない犯歴者を収容し、職業訓練に就かせる支援施設である。

当初の訓練内容は、紙漉《かみすき》（再生紙作り）、鍛冶《かじ》、左官、大工などだった。朝8時〜午後4時までが労働時間で、賃金の3分の1を出所時の自立資金として積み立てる。入所者は支給された着物の柄から〝水《みず》玉人足《たまにんそく》〟と呼ばれ、2年目は水玉の数が減り、3年目は無地となった。松平定信は、毎年200人ほどが出所して正業に就いたと書き残している。

しかし、幕末期には、無宿者の急増から、寄場の労働は懲役的な性格を帯び、一転して油絞《あぶらしぼ》りが主な作業となる。重労働で、脱走すると死罪。鬼平や定信の理想が、現実の前で次第に色あせていったのは残念だ。

江戸時代の宅配便だった格安料金の町飛脚

公文書を運ぶ〝駅伝ランナー〟

江戸時代の通信手段の主役は〝飛脚《ひきゃく》〟である。街道や伝馬制度《てんませいど》と共に初期から整備され、幕府の公用便である「継飛脚《つぎびきゃく》」は早くも寛永《かんえい》10（1633）年にほぼ確立した。速さは、老中の公文書「御奉書《ごほうしょ》」が江戸～京都間の最も早い便で68時間となっている。東海道の距離は約500㎞だから、単純計算で時速7・5㎞ほど。普通に歩いた場合の時速1里《り》（4㎞）と比べてそれほど速く感じられない。とはいえ、夜は2人1組の片方が御用提灯《ごようちょうちん》を掲げて先導したというから、ほとんど徒歩同然だったろう。それを取り返すため、日中はかなりのスピードで走ったはずだ。

継飛脚の場合、最初の2人が最後まで走るわけではない。10㎞ほどの一定距離を走り抜いたら、次のペアにバトンを渡す。

さて、民間の町飛脚《まちびきゃく》の起こりは上方《かみがた》で、これは「江戸店《えどだな》」の存在と関連している。上方

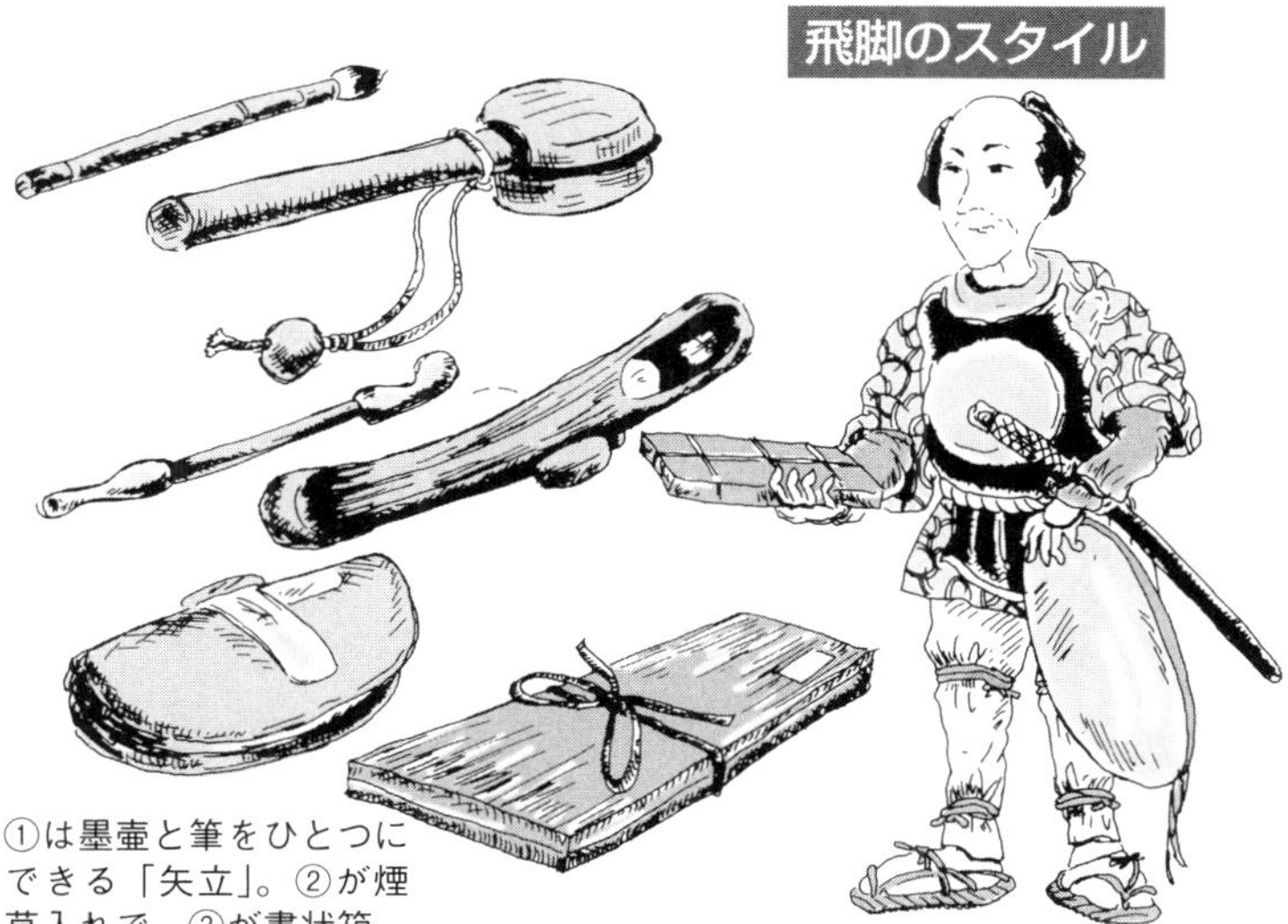

①は墨壷と筆をひとつにできる「矢立」。②が煙草入れで、③が書状箱

商人の江戸支店とのやり取りが飛脚業界の発展につながった。毎月3度定められた日に大坂を出発した普通便は「三《さん》度《ど》飛《び》脚《きゃく》」と呼ばれ、これが後に頻度を増して「常《じょう》飛《び》脚《きゃく》」となる。荷馬を立てて小荷物なども請け負い、一般旅行者と同じ12～15日かけてのんびりと往還した。火急の場合には東海道を片道6日という速達便もあったが、値段がとんでもなく高い。文化《ぶんか》年間（1804～18）頃で、金4両《りょう》2分《ぶ》（約45万円）！　普通便は銀1匁《もんめ》（約1700円）だ。

さらに後になると、江戸市中限定の配達業も生まれた。書状入の箱を担ぎ、棒の先に風鈴を付けて走ったので〝チリンチリンの町飛脚〟と愛称された。料金は江戸4里四方内で届けるだけなら24～32文《もん》（約250～340円）。浅草田町《あさくさたまち》から吉原《よしわら》まで手紙を届け、返事をもらってきて50文。庶民も気軽に利用できたことだろう。

城の概念を超えた壮大な城郭都市——江戸城

40年がかりの天下普請で完成

江戸城が一応の完成を見たのは、3代将軍・家光《いえみつ》時代の寛永《かんえい》（1624〜44）末頃だから、江戸開府以後に本格化した大名総動員の天下普請《てんかぶしん》を、40年間も継続してやっと造りあげた城ということになる。

内郭《ないかく》だけでも30万坪以上（約100ha《ヘクタール》）で、金沢城、仙台城、熊本城といった有力大名の居城の数倍の規模を有する。さらに、人口河川・神田川《かんだがわ》から溜池《ためいけ》、外堀にまで至る総郭は190haにも及ぶ。現在の千代田区と中央区が丸ごと城だったのだ。

城地は幾度も改造・拡張され、家康《いえやす》時代には機能していた小さな内堀などが次々に埋め立てられて、御殿《ごてん》や大名屋敷の建設用地が整備されていった。「振袖火事《ふりそでかじ》」で焼ける前までは、御三家《ごさんけ》などの大名の住居は多く郭内にあった。

銅張りの〝家光天守〟が描かれた「江戸図屏風《えどずびょうぶ》」は、当時の江戸城の構成をよく伝え

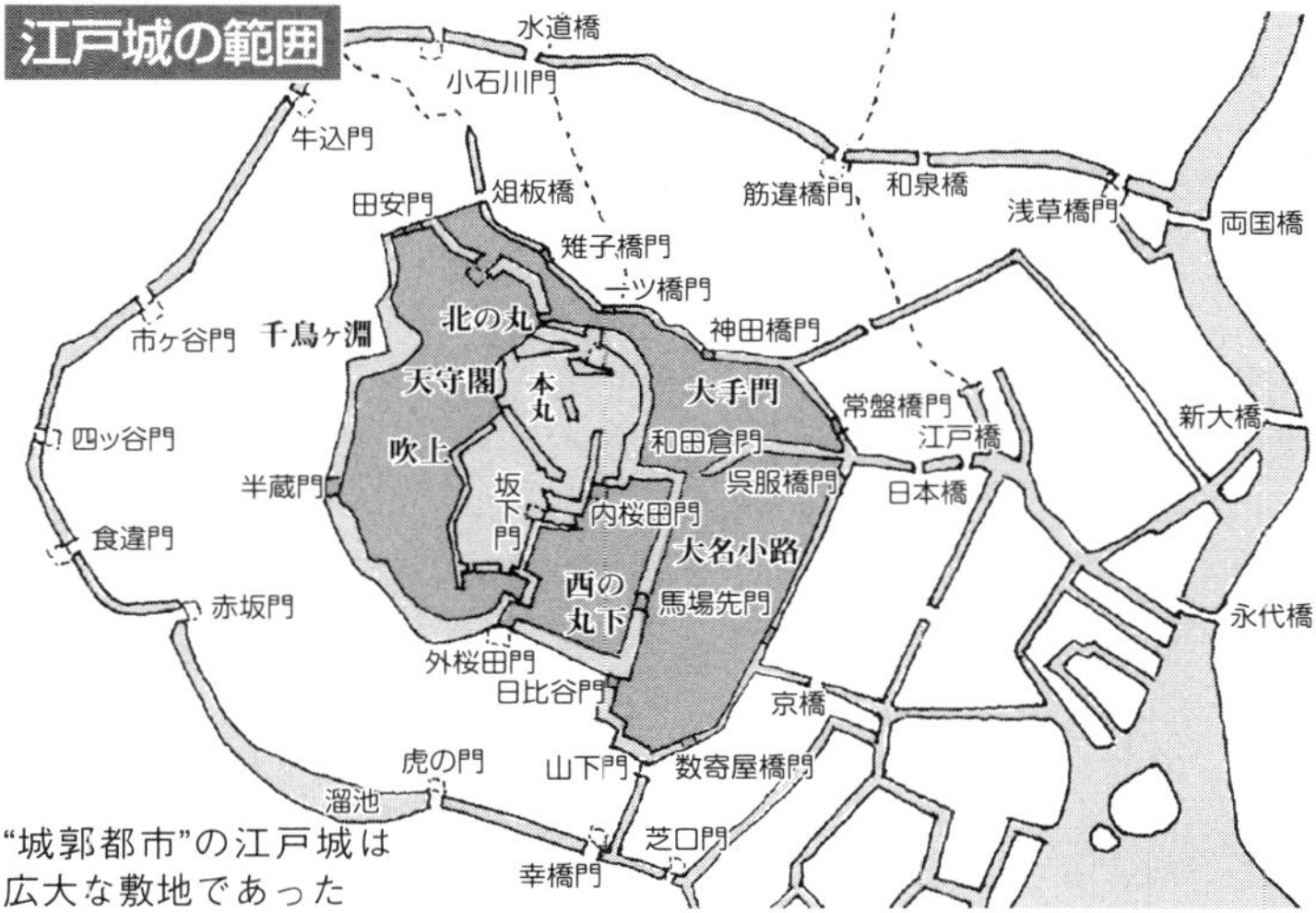

"城郭都市"の江戸城は広大な敷地であった

ている。軒先が重なるほどに密集する本丸御殿と二の丸・三の丸からなる内郭を取り囲んで多くの大名屋敷が整然と建ち並んでいる。

紅葉山《もみじやま》と西の丸のさらに北方には、仲良く御三家の屋敷が並ぶ。城の中だから、将軍も移動しやすい。気が向けば、大名を訪問したりする。それに備えて、大名屋敷は立派な御成御殿《おなりごてん》や御成門《おなりもん》を構えた。

それでいて、武家地の外側はすぐ町人地で商家などが建ち並んでいる。この頃、城と町は一体だったのである。不用心のようだが、それぞれの大名屋敷は城郭の一部として機能し、四囲は武者《むしゃ》窓のある〝長屋《ながや》〟で固められていた。

ちなみに、ここでいう長屋とは大名家の戦闘要員の居住区で、残念ながら、八つぁん・熊さんは住んでいない。〝江戸城〟とは従来の城郭概念を超えた城（＝城郭都市）だった。

3度建て替えられた権威の象徴だった天守閣

幕府権力を象徴する建造物

慶長《けいちょう》12（1607）年に竣工《しゅんこう》した天守は、大坂城天守に2倍する規模だった。5層5階で高さは48m。その姿は「雪山のよう」だったというから、白亜《はくあ》の漆喰《しっくい》塗りだろう。

2代・秀忠《ひでただ》はこの天守を建て替え、不便な望楼型《ぼうろうがた》から最新式の層塔型《そうとうがた》にした。また、本丸北側に新たな天守台を築き、元和《げんな》9（1623）年竣工した。〝秀忠天守〟も5層5階だが、1階の床面積は家康天守より大きく、784畳敷もの広さがあった。装飾と実用を兼ねた出窓式の千鳥破風《ちどりはふ》が、屋根に整然と配置されていたという。

3代将軍・家光《いえみつ》も天守を建て替え、寛永《かんえい》15（1638）年に竣工した。「江戸図屏風《えどずびょうぶ》」に描かれている天守がこれと見られ、外観に顕著な特徴がある。壁が白漆喰仕上げではなく、黒く塗った銅板張《どうばんば》り。そのため、鎧《よろい》を着込んだような、いかめしい印象なのだ。

建物そのものは秀忠天守を解体・流用した5層5階地下1階。石垣を含む総高は58・6

江戸城の天守台跡

現在の皇居に、今でも残る天守台跡

m、現在の20階建てビルに相当する。

これが明暦《めいれき》3（1657）年の明暦の大火で焼失して以後、天守閣は再建されなかった。

しかし、幕府が権威をより所とする政治機関である以上、全国の人々に見上げさせる象徴は、泰平の世でも、やっぱりあったほうが良かったはずだ。事実、加賀の前田家に、すぐに新しい石垣を積ませている。

石垣だけが残った真の理由は、それ以降、ずるずる悪化した懐事情だったに違いない。

江戸城天守閣の再建計画が復活するのは5代将軍・綱吉《つなよし》の代だが、図面まで引かれたのに、この天守も幻となった。仏教に深く帰依《きえ》する綱吉が、諸寺院の修築に惜し気もなく金を注ぎ、僧・隆光《りゅうこう》（生類憐れみ令の黒幕）のために護持院《ごじいん》の大伽藍《だいがらん》を造営するなどしたからだ。

巨大な大広間が置かれた江戸城の心臓部・本丸御殿

御殿を1人で3回造り直した家光

本丸御殿《ほんまるごてん》は将軍の居住空間と政庁を兼ねる。家光《いえみつ》は、一度できあがった御殿を「贅沢《ぜいたく》すぎる」と造り直させた。どっちが贅沢だかわからない。しかも、その後にすぐ焼けてしまい、直ちに再建している。1回の建設にだいたい100万両《りょう》（1000億円）かかったという。この無駄遣いがなければ「振袖火事《ふりそでかじ》」後も天守閣が再建できたかもしれない。

ともかく、この寛永《かんえい》17（1640）年完成の御殿が、基本として以後に継承される。

本丸御殿の構成を見ると、玄関を入った南から順に表《おもて》、中奥《なかおく》、大奥《おおおく》の三つの区域が並ぶ。表は将軍の公的儀式・行事の場だ。

謁見《えっけん》の場として最高の規模と格式を備える大広間は、将軍が出御《しゅつぎょ》する上段、中段、下段の3間（階段状に順に低くなる）からなり、〃コの字形〃に諸大名が列する二の間、三の間、四の間が続いていた。

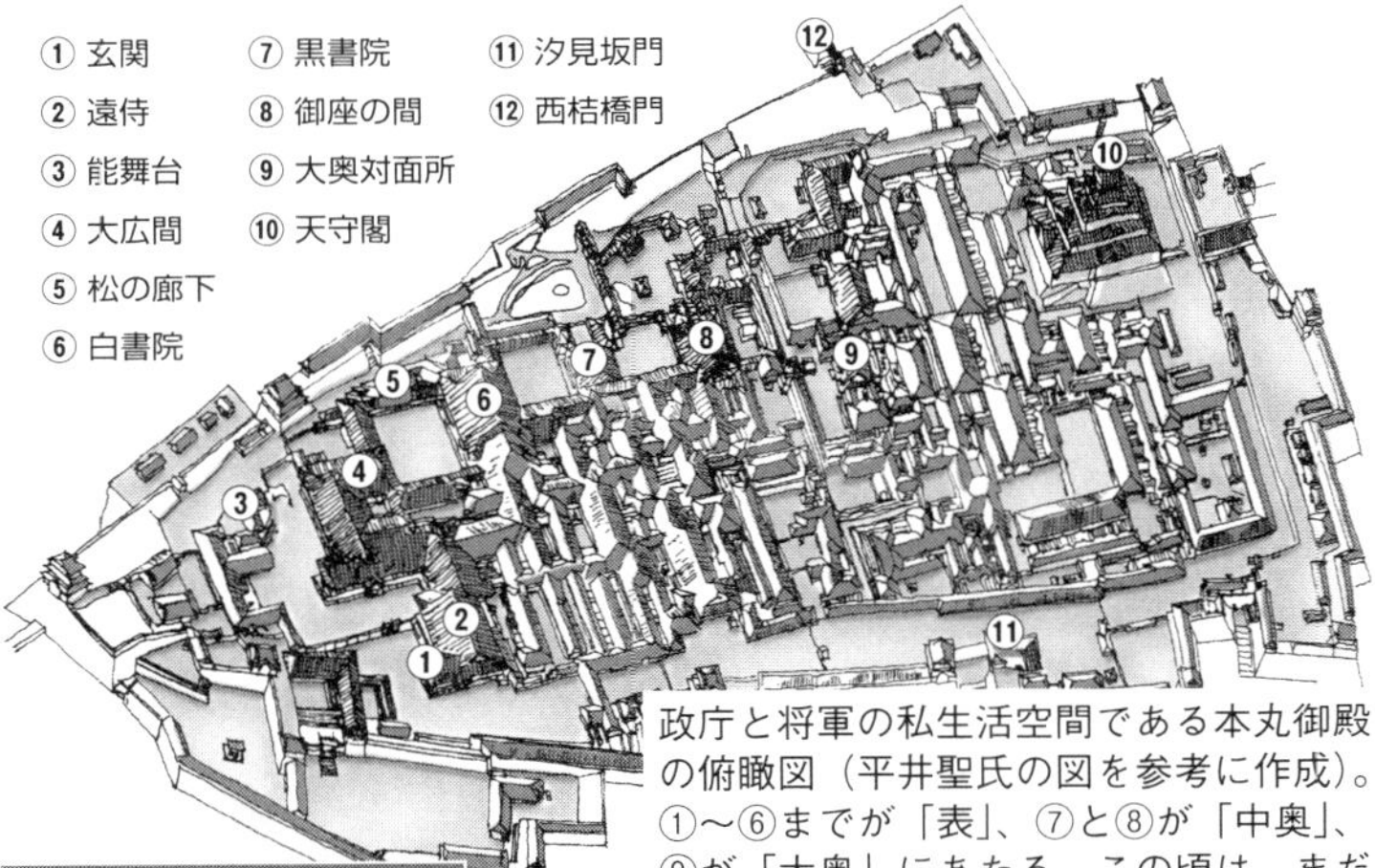

本丸御殿の附瞰図

政庁と将軍の私生活空間である本丸御殿の俯瞰図（平井聖氏の図を参考に作成）。①～⑥までが「表」、⑦と⑧が「中奥」、⑨が「大奥」にあたる。この頃は、まだ御休息と御小座敷は設けられていない

謁見場としての格式は白書院《しろしょいん》が次位で、中奥に属する黒書院《くろしょいん》も同等とされた。大広間と白書院を結ぶのが名高い松の廊下《ろうか》である。

中奥が将軍の住居で、上段の間《ま》、下段の間、二の間、三の間、大溜《おおだまり》、納戸の6室からなる御座《ござ》の間がメインの空間である。

御座の間は公的な性格も強く、御三家《ごさんけ》・御三卿《ごさんきょう》の入出府の挨拶、遠国奉行《おんごくぶぎょう》や3千石《ごく》以上の役職の任命なども行なわれた。

のち、セキュリティ強化のため、老中らの執務室は表へ移され、御座の間と離した将軍専用の御休《ごきゅう》息《そく》と御小座敷《おこざしき》が新たに設けられた。

これは完全な個室だが、小姓と側用人は入ることを許されていた。

このことが、後の側用人の権力が増大する原因となるのである。

緊急時には本丸の代用となる西の丸御殿

将軍世子・大御所の生活空間

家康や11代将軍・家斉《いえなり》のように実権を手放さずに君臨した大御所の時代には、西の丸は、ひょっとすると本丸以上に政治の舞台として大きな役割を示したとも想像できる。

表《おもて》・中奥《なかおく》・大奥《おおおく》と並ぶ西の丸御殿には大広間、白書院《しろしょいん》、御座《ご ざ》の間《ま》、御休息《ご きゅうそく》などが配され、ほぼ本丸御殿と変わらない構成である。

ただし、西の丸には中奥の黒書院《くろしょいん》がない。

黒書院は参勤交代に際しての大名対面などに使用され、将軍家に近い大大名との対面には白書院を使ったので、西の丸には〝白〟だけあればよかったのだろう。

ちなみに本丸御殿のうち黒書院だけが赤松を用材として造られていたそうだ。他の御殿は、もちろん総檜《ひのき》造りである。

西の丸はあらかじめ本丸機能を付与されていたので、本丸が火災被害を受けた場合など

西の丸御殿の見取り図

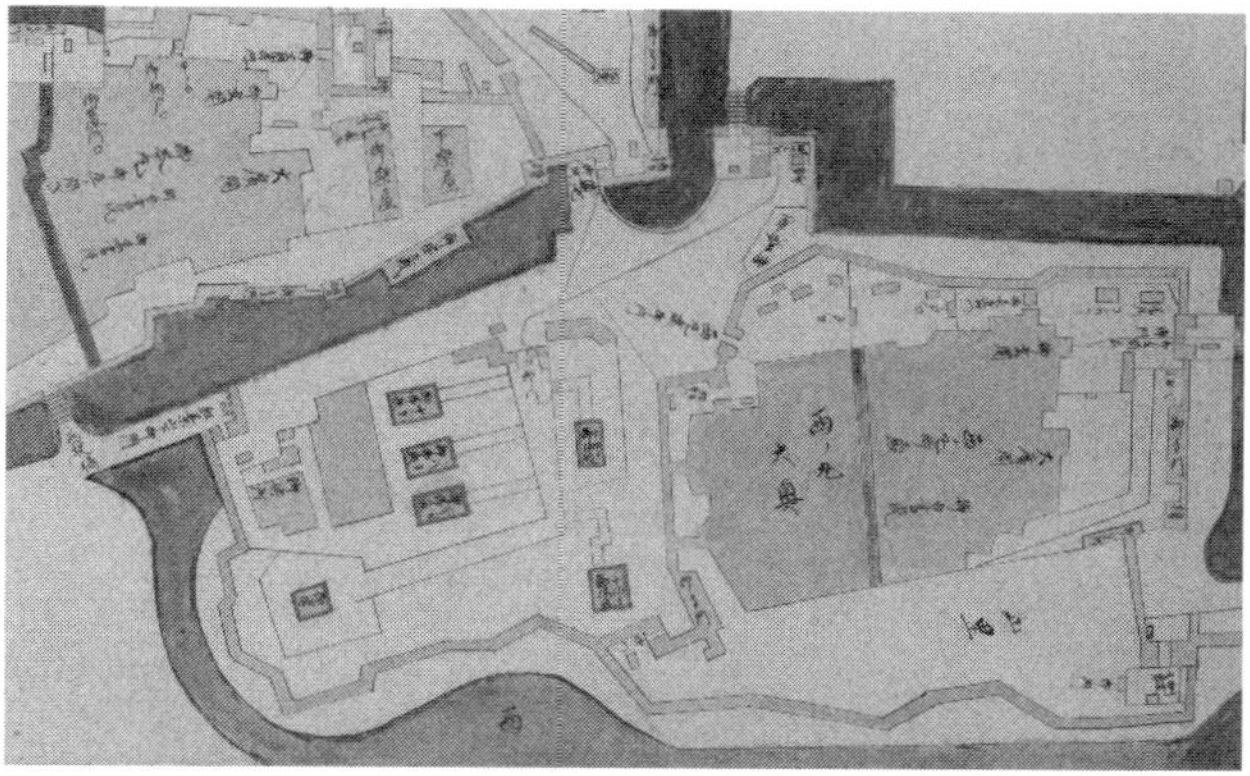

「江戸城内并芝上野山内其他御成絵図」（中川高壽 寫）より、江戸城西の丸御殿見取り図（国立国会図書館）

は、臨時の仮御殿として将軍が移り住むことができた。

　これによって、緊急時にも儀式や公務を滞りなく執行する態勢が整えられていた。将軍が西の丸を占領している間は、世子や大御所は二の丸御殿に引越して暮らした。

　幕府滅亡後の明治元（1868）年に明治天皇が江戸城に入ったときも、本丸が焼失していたため西の丸を御所として使っている。

　北に広がる紅葉山《もみじやま》は、東照宮《とうしょうぐう》をはじめ歴代将軍や将軍生母の霊廟が建ち並ぶ聖域であった。秋になると全域の紅葉が燃え立ち、本丸や西の丸からそれが良く見渡せたろう。

　ほかに武器庫3棟と書物蔵3棟があり、この書物蔵が「紅葉山文庫《もみじやまぶんこ》」で、現在の国立公文書館「内閣文庫」の前身である。

将軍の世子や庶子が住んだ二の丸、三の丸御殿

水舞台が演出した幻想的風景

家光《いえみつ》による初期の二の丸御殿《ごてん》は、白鳥堀《はくちょうぼり》の水舞台、築山《つきやま》の四阿《あずまや》、御座《ござ》の間《ま》から奥の池を渡って御小座敷《おこざしき》へ至る露天の廊下など、数寄《すき》を凝《こ》らしたものだったという。

水舞台は二の丸の最南端に位置し、将軍以下が御殿にしつらえた桟敷《さじき》から観能した。また、当時は北東隅に書物蔵があり、家康が収集した古今の書籍が収められていた。

このように、二の丸の一画は城内で最も風雅な趣をたたえた空間だったが、家光は寛永《かんえい》18（1641）年、誕生した世子《せいし》・家綱《いえつな》の住居とするための大改造に着手した。2年後に完成した御殿は、世子の権威を強調する対面施設中心で、書院や世子の御座の間が設けられていた。

一方、白鳥堀は一部埋め立てられ、水舞台は廃止。能舞台は新しい御殿内にもあったが、本丸の台所前三重櫓を背景に演じられた水上の幻想風景は残念なことに失われてしまった。

世子御殿の二の丸御殿の俯瞰図
（中西立太氏の図を参考に作成）

ただ、東側を庭園とし、中央に島を浮かべた大きな池が造られた。ここには御茶屋などもあり、城内における〝憩いの場〟的な性格は消えずに残ったわけである。

三の丸は二の丸の北にあり、御殿が設けられていた。二の丸・西の丸の補完的な役割で、事情に応じて将軍の庶子《しょし》や親族が居住した。家光の側室だった綱吉の生母・桂昌院《けいしょういん》が、綱吉が将軍となってからここを住まいとし〝三の丸様〟と呼ばれたのは有名である。

なお、三の丸から外部へ通じる平川門《ひらかわもん》は大奥の女性専用の通用門で、いわば江戸城の勝手口としての役割をはたした。

城中から罪人や死体を運び出す際にも使われ、「松の廊下事件」を起こした浅野長矩《あさのながのり》もここから出されたと伝えられている。

秘密の園・大奥の知られざる事実

大奥には男性も働いていた!

本丸《ほんまる》御殿《ごてん》中奥《なかおく》のさらに北部が大奥《おおおく》である。中奥とは銅瓦塀《どうがわらべい》で仕切られ〝御鈴廊下《おすずろうか》〟と呼ばれる廊下1本で結ばれ、将軍以外の男性は原則的に立入禁止とされた。そこから妖《あや》しい雰囲気が一気に立ちのぼるわけだが、〝大奥〟はれっきとした江戸城の一部である。西側が御台所《みだいどころ》(将軍の正室)の居室がある御殿、東側が諸務を司《つかさど》る広敷《ひろしき》、そして最北部に女中たちの居室が連なる長局《ながつぼね》という内部構造で、広敷では事務職の男性役人が働いていたのである。

中奥《なかおく》に最も近い位置に寝所を置いたのは災害時対策である。明暦の大火のとき、4代将軍・家綱《いえつな》はすぐ逃げたが、大奥の女性たちは中奥から表《おもて》への通り筋を知らない。そこで〝知恵伊豆〟こと老中・松平信綱《まつだいらのぶつな》は、御殿の畳を裏返しにして避難経路を示し、全員を西の丸へ誘導したという。

大奥の日常

大奥の日常の様子（「絵本時世粧」を元に作成）

女中たちが暮らす長局は簡単に言えば長屋形式の集合住宅だが、庶民の長屋が風呂なしトイレ共同の旧式アパートだとしたら、こちらはリビングとユニットバス完備のマンションだ。２〜３人の相部屋が普通だったが、格式の高い者は１人部屋である。

家光時代に２棟だった長局は、幕末までに５棟に増えた。度重なるリストラ政策にも関わらず大奥は肥大化の一途をたどったのだ。

さて、弘化《こうか》２（１８４５）年の造営時に大奥へ通じる廊下は上下２本となった。下側の廊下を入ったところの部屋には14代将軍・家茂《いえもち》の母である天璋《てんしょう》院《いん》が住み、家茂は上の廊下を通って皇女・和宮《かずのみや》と毎朝対面した。

15代・慶喜《よしのぶ》は、おそらく江戸城の大奥にほとんど出入りしなかったろう。それどころではなかったはずだ。

江戸城の砦から藩の官邸へと役割が変わった大名屋敷

江戸市域を拡げた広大な屋敷地

初め大名《だいみょう》屋敷（上屋敷《かみやしき》）の建物は、江戸城の一部を形成するものだった。その代表例が、城内の吹上《ふきあげ》にあった御三家《ごさんけ》の邸宅である。それが明暦の大火後には、紀伊《きい》家が赤坂《あかさか》13万坪（現・迎賓館一帯／港区）、尾張《おわり》家が市谷《いちがや》4万9千坪（現・自衛隊駐屯地一帯／新宿区）に、水戸《みと》家が小石川《こいしかわ》9万9千坪（現・後楽園／文京区）へと移転した。

大名や旗本《はたもと》の邸宅は、それぞれが一個の城郭と考えられた。各邸宅は江戸城を守る出城《でじろ》の役割を担ったから、上屋敷の周囲は相変わらず戦闘要員の居住区である長屋《ながや》で固められ、内側にも塀《へい》が張り巡らされていた。

邸宅の内部は生活空間だが、これも城の御殿と同様に表《おもて》と奥《おく》に分かれていた。

しかし、幕末近くなると武装・警備体制はすっかり疎《おろそ》かになり、鼠小僧《ねずみこぞう》ら盗賊たちの恰好の餌食《えじき》だったというから情けない。泰平の世が続くうちに、江戸屋敷は諸藩の大使

大名屋敷の俯瞰図

典型的な大名屋敷の俯瞰図（平井聖氏の図を参考に作成）

館・江戸出張事務所的な性格を強めた。

一方、幕府の老中《ろうじゅう》・若年寄《わかどしより》らは、江戸城への通勤に便利な西の丸下（現・皇居外苑《がいえん》）に集住した。すなわち官邸・公邸であり、1軒の広さは平均8千坪だった。

しかし、役職を退くと西の丸下にはいられず、後任者の屋敷に入居するか、空家を捜さなければならなかった。

面白いことに、屋敷替えとなると、柱や床や屋根は別として、建物の造作《ぞうさく》——襖《ふすま》、障子《しょうじ》、雨戸、畳などを全部引越先に持っていっていた。私有財産で官有物ではないというのが理由である。庭木や庭石も同じ扱いだった。

幕府で人事異動があるたびに、屋敷から屋敷へ大量の板戸や障子が運ばれた。その頃に引越業者があったら大儲けだったはずだ。

コラム

江戸大名屋敷の種類

一口に大名屋敷といっても、いろいろ種類があった。ちなみに〝屋敷〟というのは土地全体を指し、その中に建てられた邸宅を指す言葉ではない。

まず、江戸参府時に大名の住居となる上《かみ》屋敷は、総じて江戸城に近い場所に位置し、諸藩の江戸出張所的な役割もはたすため、敷地いっぱいに建物が建てられていた。

周囲は〝長屋〟を巡らし、この中が大名行列に従ってきた供揃の居住空間となる。

中《なか》屋敷を構えたのは格の高い大名で、上屋敷が焼失したりした場合は代役となり、通常は大名の世子や近親者が住居としていた。

郊外にある広大な下《しも》屋敷は、農地で抱農民に野菜などをつくらせたり、庭園を設けたり、藩士の武芸鍛錬を行なうグラウンドを設けたり、大名ごとに使い方を工夫したようだ。戸山《とやま》（新宿区）にあった尾張《おわり》徳川家の下屋敷には、東海道の宿場町小田原の町並を摸した藩士のための商店街がつくられ、〝箱根山〟や湖をイメージした大小の池もあったという。

また、隅田川《すみだがわ》に面するウォーターフロントには、諸大名家の蔵屋敷が軒を連ねた。国元から運ばれた飯米や特産品をここで水揚げして貯蔵する。下屋敷扱いだが、いわば諸藩の物流拠点として機能し、時にはここで特産品の入札や直接販売も行なわれたという。

明治維新後、上屋敷の多くは新政府の官公庁用地となり、中屋敷や下屋敷跡地は大名の生計のために切り売りされ、次第に宅地化していったのである。

第二章

武士の生活と幕府の統治

江戸幕府を支えた統治システム

将軍は江戸幕府の権力者ではなかった

もともと関係ない〝将軍〟と〝幕府〟

〝将軍〟の正式名称が「征夷大将軍《せいいたいしょうぐん》」であり、もとは朝廷に敵対する東北の豪族〝蝦《え》夷《ぞ》〟征討の総大将だったことはご存じだろう。

では、〝幕府〟とは何だろうか？

本来は出征中の将軍の軍営を指すが、日本では近衛府《このえふ》の唐名《とうみょう》（中国風の呼び方）となったのである。水戸〝中納言〟を水戸〝黄門〟と呼ぶのもこの唐名だ。

そもそも源頼朝《よりとも》が建久《けんきゅう》3（1192）年に征夷大将軍になる前、右近衛大将の頃の居館が〝幕府〟と呼ばれた。つまり、将軍と幕府に直接の関係はないのだ。

徳川家康《いえやす》が征夷大将軍として江戸に幕府を開いたのは、慶長《けいちょう》8（1603）年のこととされる。

しかし、実質的には関ケ原の合戦終結時には、大名が家康に臣従を誓い、その見返りに

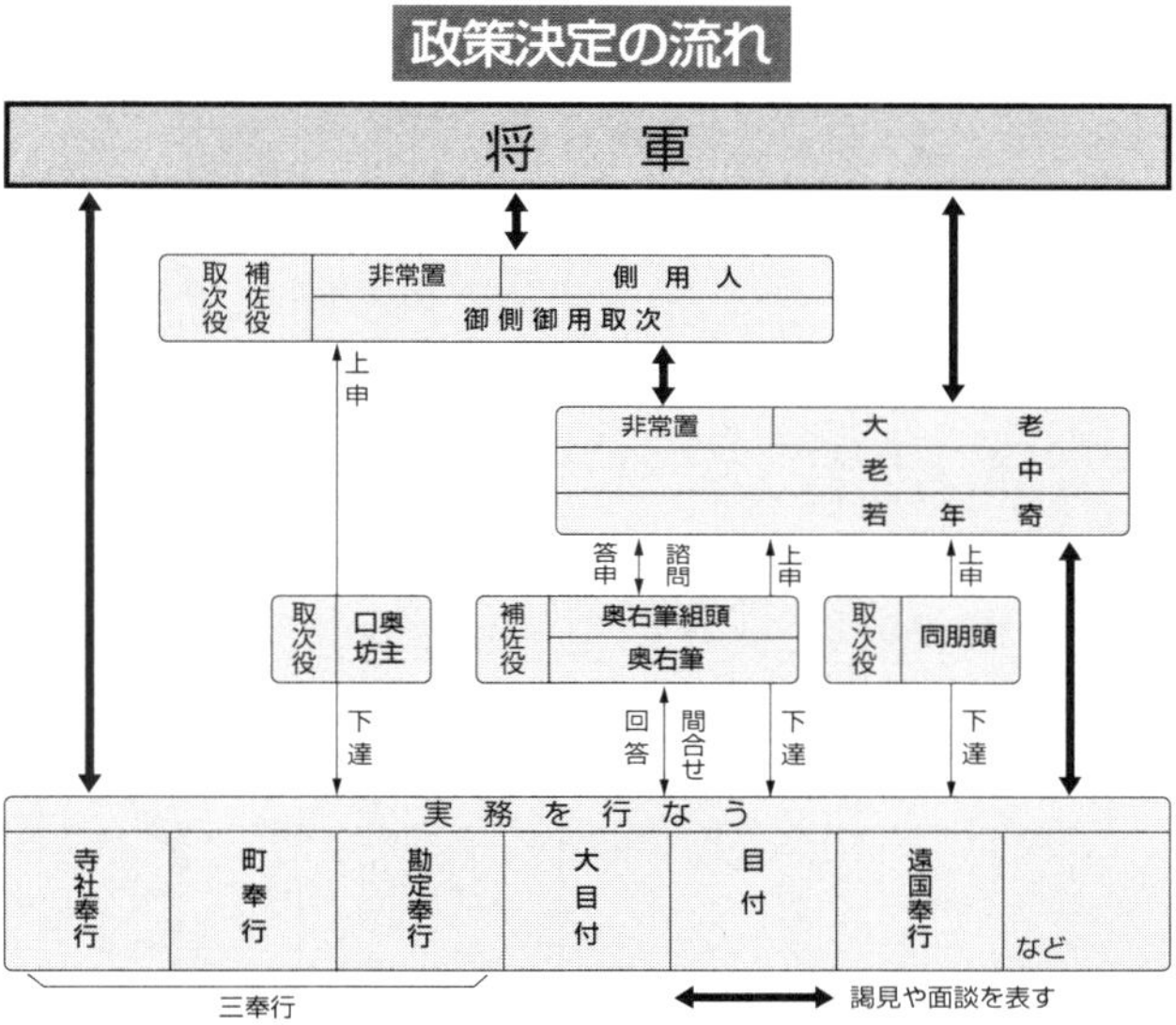

領地の支配権を安堵《あんど》（保証）されるという幕藩体制がすでに機能しており、家康の幕府は始まっていたとも見られる。〝将軍〟は肩書きにすぎないのだ。

家康から2代・秀忠《ひでただ》時代までは典型的な側近政治で、まだ軍事組織的な色彩が濃く、将軍（または大《おお》御所《ごしょ》）の意思が政策にストレートに反映されていたとされる。3代・家光《いえみつ》は〝生まれながらの将軍〟として強力なリーダーシップを発揮したが、その反面で幕府の組織作りにも努めた。これは譜代《ふだい》の幕閣同士の権力争いの抑制に効果があったが、同時に将軍の権力を逆に弱める結果ともなった。

〝泰平の世〟になると幕政は老中《ろうじゅう》の合議制で取り仕切られ、将軍は稟議書にハンコを押すだけとなる。もちろん例外はあるが、将軍本人の仕事は役人の任命（多くは認証だけ）、外国使節との接見、朝廷との儀礼交換など形式的なものに限られた。

イメージとはうらはらに意外に地味な将軍の生活

〝御鈴廊下〟で中奥と大奥を往復

将軍はだいたい午前6時に起床した。御小座敷《おこざしき》という寝室で寝ていた将軍が身を起こすと、小姓《こしょう》が「もう」と触れる。小納戸《こなんど》が用意した盥《たらい》と湯桶でうがいをして歯を磨き、糠袋《ぬかぶくろ》で顔を洗う。医者の検診を受け、小姓が髪を整える。これらは朝食後の場合もある。

朝食は8時。一汁三菜のセットメニューで二の膳に吸物と焼魚が付いた。

10時に1人で御鈴廊下《おすずろうか》を渡って大奥《おおおく》へ。歴代将軍の位牌に礼拝し、御台所《みだいどころ》（正室）以下大奥年寄やお中臈《ちゅうろう》らの出迎えを受ける。これが「惣触れ《そうぶれ》」で、毎日必ず行なわれた。それから中奥《なかおく》の御座《ござ》の間《ま》へ行く。

昼食のメニューは少し豪華で、刺身や焼魚のほか、アワビや鴨《かも》肉などが付くこともあった。ただし、かなり離れた御膳所《ごぜんしょ》から運ばれる上、毒見もあるので温めなおす。

昼食後、政務を執る。これが2～3時間で終わり、後は自由時間となった。学問好きな

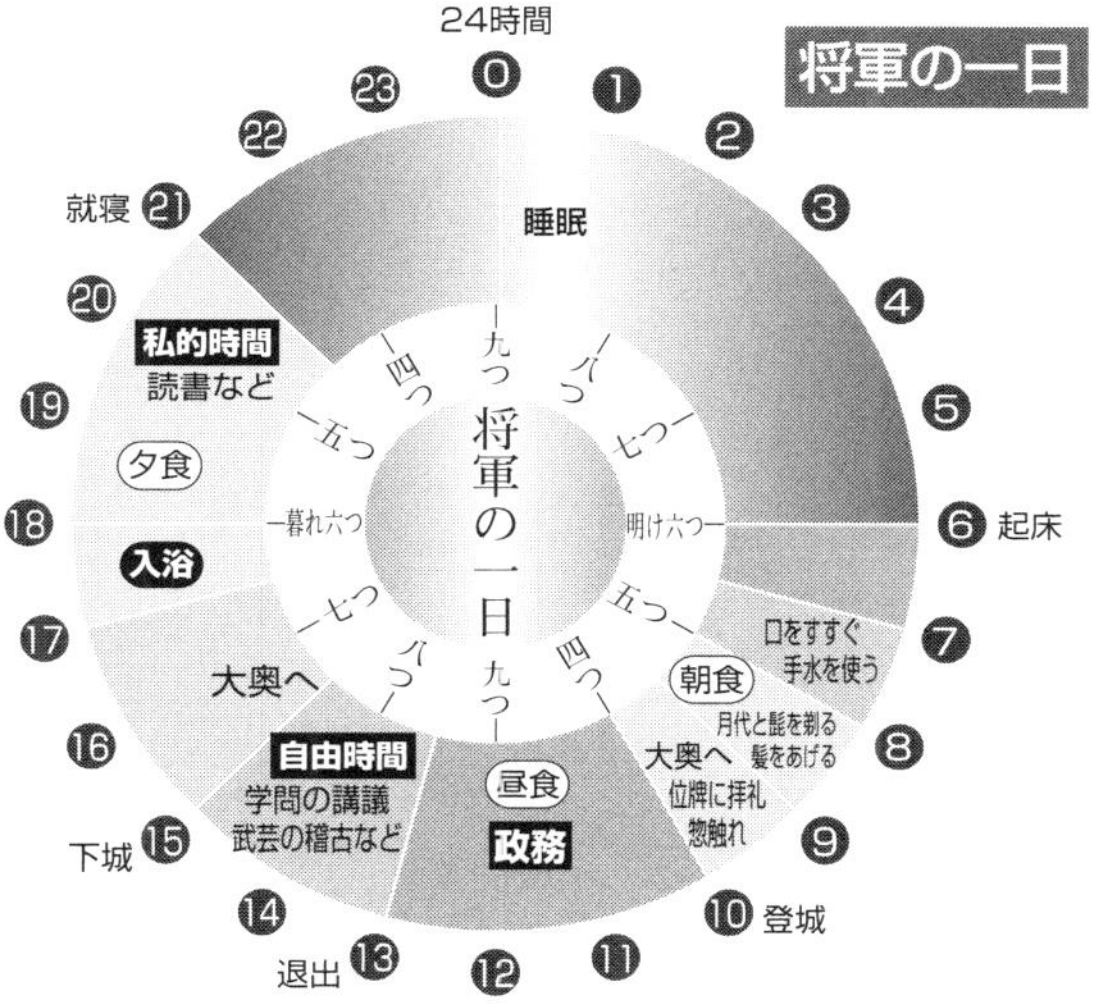

人は儒者の講義を聴き、武芸好きな人は弓や槍《やり》の稽古に励む。２代・秀忠《ひでただ》はガーデニング、吉宗はペットのオシドリ観賞、12代・家慶《いえよし》は乱舞が趣味だったそうだ。

夕暮れ時に御湯殿《おゆどの》で入浴。役目の番衆《ばんしゅう》や奥坊主2〜3人が将軍の体を洗う。何度も浴衣を取り替えて水気を払い、着流しで大奥へ渡り、御休息《ごきゅうそく》という部屋で夕食をとる。品数も内容もだいたい昼と同じ。ただし、大奥の料理は御膳所が近いため温かいのがありがたい。初《はつ》ガツオなど旬の味覚も、じっくり味わったと想像される。

就寝は午後９時前だ。普段は中奥《なかおく》の御小座敷へ戻って眠り、奥泊りの時は御鈴廊下に近い「蔦《つた》の間《ま》」を寝所《しんじょ》とした。55人もの子女をもうけた11代・家斉《いえなり》の時代、中奥詰の宿直役《とのいやく》は、さぞや閑をもてあましていたことだろう。

2世紀以上も幕政を司った少数の老中

省庁大臣を兼ねる〝総理大臣〟

江戸幕府で、政治実務の最高権力者は老中《ろうじゅう》である。将軍に直属して幕政全般を司《つかさど》り、だいたい3〜5名が置かれた。

時に「大老《たいろう》」という役職が置かれる場合があり、大老＝首相、老中＝省庁大臣と誤解している人もいるが、大老職は常置されたわけではなく、それぞれの老中にジャンル別の役割分担がいつもあったわけではない。

ただ、大老には功労者や家格の高い者が就任し、時には将軍並みの権勢をふるっていた。全部で11人いた大老のうち、有名なのは幕末の井伊直弼《いいなおすけ》である。彼は、日米修好通商条約の締結反対派を押さえつけるため、老中を飛び越して大老に就任してしまった。条約締結や「安政の大獄《あんせいのたいごく》」は、まさに文字通りの強権発動であった。

老中は、月ごとの交代で事務を処理し、このシステムを〝月番制《つきばんせい》〟という。月番が受け

江戸幕府の代表的な老中6人衆 （領国は就任当時）

松平信綱（まつだいら　のぶつな）武蔵国忍藩主
寛永10(1633)年、就任〜寛文2(1662)年、死去
●"智恵伊豆" の異名をとった切れ者　●困窮農民と切支丹の叛乱「島原の乱」を鎮圧

田沼意次（たぬま　おきつぐ）遠江国相良藩主
明和6 (1769) 年就任〜天明6 (1786) 年、免職
●大胆な内需・貿易拡大政策で経済を活性化
●賄賂横行の金権政治時代を招来

酒井忠清（さかい　ただきよ）上野国厩橋藩主
承応2(1642)年、就任〜寛文6(1666)年、大老に昇進
●"下馬将軍" と呼ばれるほどの権力を誇る●将軍への殉死を禁じ、諸大名の家族人質制を廃止

松平定信（まつだいら　さだのぶ）陸奥国白河藩主
天明7(1787)年、就任〜寛政5(1793)年、免職
●前代の田沼政策を否定して「寛政の改革」を推進　●厳しすぎた奢侈・風俗取締りが不評で失脚

水野忠之（みずの　ただゆき）三河国岡崎藩主
享保2(1717)年、就任〜享保15(1730)年、免職
●8代将軍・吉宗のもとで「享保の改革」実務を担当　●米価調節失敗の責任を負って辞任

水野忠邦（みずの　ただくに）遠江国浜松藩主
文政11(1828)年、就任〜天保14(1843)年、免職
●「天保の改革」で物価引き下げに奔走
●"上知令" を強行して失脚

江戸時代を通して老中は150名近くもいる

付けた事項は、合議によって決定された。重要な政治的決裁の多くは3〜5人だけで構成されるこの〝国会〟が行ない、将軍の裁可を経て布告という段取りであった。

老中就任時の平均年齢は、45・3歳と若い。これは、家格が高いために20代で老中になった者を含むからだ。

たとえば、開国推進派として知られる備後福山《びんごふくやま》10万石の阿部正弘《あべまさひろ》は25歳で就任した。〝大老〟井伊直弼は近江彦根《おうみひこね》30万石で就任時44歳、藩主になったのが36歳と遅かったにも関わらず平均年齢以下だ。

最も若いのが伊予松山《いよまつやま》15万石の松平定昭《まつだいらさだあき》で23歳だが、幕府の大政奉還直前の慶応《けいおう》3（1867）年9月23日に就任して翌月の19日にはもう辞任しているから、これは参考記録といったところだろう。

幕府の政治システムを陰で支えた若年寄

老中を補佐し旗本を束ねる〝次官〟

若年寄《わかどしより》は老中《ろうじゅう》の補佐役とされた。老中や三奉行の管轄以外の政務も担当し、旗本《はたもと》らの幕臣統轄にあたる。定員は3〜5名で、小禄《しょうろく》（3万石《ごく》以下）の譜代《ふだい》大名が任じられた。

組織的には少し特殊で、若年寄は直属する書院番《しょいんばん》・小姓組《こしょうぐみ》・小普請《こぶしん》・新番《しんばん》・目付《めつけ》・小《こ》十人《じゅうにん》といった役職を支配し、〝長官〟としての役割をはたした。

政務補佐のブレーンとして5代将軍・徳川綱吉《つなよし》の時代から置かれた「奥右筆《おくゆうひつ》」も若年寄の管轄だった。これは、決裁事項についてあらかじめ先例や数値データなどを調査し、老中や若年寄に提出する役目。通常の表右筆も若年寄支配に組み入れられていた。

江戸城内では老中に次ぐナンバー2の立場とされた若年寄だが、そこから老中までの道程はかなり遠かった。優秀な者、上に目をかけられた者が、大坂城代《じょうだい》や京都所司代《しょしだい》を経《へ》るか、さらに老中格を経て老中になるのが一般的だった。

老中と若年寄

キャリアの道を登り詰める大変さは現代と同じ

民間企業を引き合いに出せば、本社の営業部長が地方の支社長を経験してから、晴れて取締役に就任するという感覚に近いだろうか。

江戸時代を通じて161名いた若年寄のうち、順調に老中まで昇進できた人は5分の1程度。90人以上が若年寄止まりで終わっている。

それだけに老中は威張っていたようで、若年寄をアゴで使ったり、いじめたりする例が後を絶たなかったという。

貞享《じょうきょう》元（1684）年に若年寄・稲葉正休《いなばまさやす》（45歳）が時の大老・堀田正俊《ほったまさとし》（51歳）を城中で刺殺し、自分も周囲の者に誅殺されるという事件が起きた。稲葉正休が淀川の治水工事について提出した見積りを、堀田正俊が「高すぎる」と言って却下し、町人の河村瑞賢《かわむらずいけん》に任せてしまったのが原因といわれている。

老中と若年寄のオフィス空間とは？

〝社長室長〟側用人は老中の天敵

老中《ろうじゅう》もだいたい朝6〜7時に起床した。登城時間は午前10時頃である。江戸城西の丸《まる》下にある老中の官邸には、請願の諸藩留守居役《るすいやく》や役職の欲しい旗本《はたもと》らが朝からやって来る。出勤前にこれらの相手をせねばならなかったから、〝重役出勤〟というわけでもない。

将軍は午前11時頃に大奥《おおおく》を出て中奥《なかおく》に戻る。用件がある場合、老中や若年寄《わかどしより》は、側衆から将軍に言上《ごんじょう》してもらって御座《ござ》の間《ま》で謁見する。これには御側御用取次《おそばごようとりつぎ》が同席するのが通例だった。極秘事項であれば人払いをして中奥の御休息《ごきゅうそく》を使う。

午後の将軍執務時間には、御側御用取次が、表《おもて》から回ってきた懸案事項の書面を読む。将軍はそれを聞き、決裁分には承認の印の〝御下知札《おげちふだ》〟を付して表に戻す。再考が必要ならその旨を指示する。側用人《そばようにん》が任じられているときには、ここで大いに口を出しただろう。

側用人の権勢が増大し、老中らの〝天敵〟となったのも道理だった。

さすがの老中も大老には頭が上がらない

老中や若年寄らのオフィスは表の御用部屋《ごようべや》である。老中用の上《かみ》の間《ま》と若年寄用の下《しも》の間《ま》があり、それぞれ20畳ほど。ここに上席者から列座し、各自の御用《ごよう》箱《ばこ》（書類ケース）を傍《かたわ》らに自分の仕事をした。ほかに出入りできる者は、秘書役の奥右筆《おくゆうひつ》だけだった。

時折、老中は若年寄を上の間にわざわざ呼びつけ、御用箱の整理など雑用を命じたという。忙しいときにはたまったものではないが、上司には逆らえない。その若年寄は、自分の仕事を中断して、黙々と書類の仕分けに取り組むしかなかった。

一方、大老《たいろう》が置かれた時は、上座に屏風《びょうぶ》を立ててスペースを占有した。大老の前では老中も形なしで、窮屈をじっと我慢している。大老の出勤に際しては、老中一同、将軍謁見並の礼をとって迎えた。

老中が小さくなっている姿に若年寄たちの溜飲《りゅういん》は大いに下がったろう。

幕府の直轄都市を治めた遠国奉行

５００石取りが長崎奉行に大出世

江戸幕府は全国に直轄地（幕領《ばくりょう》）を有していた。

直轄地には代官《だいかん》が置かれて年貢の徴収や支配にあたったが、都市部など特に重要な拠点には遠国奉行《おんごくぶぎょう》と呼ばれる役職が置かれた。

遠国奉行は老中の支配下で、家禄1千～2千石ほどの旗本が任命される場合が多かったが、さらに小身《しょうしん》の旗本の抜擢もあった。

たとえば〝遠山の金さん〟こと遠山景元《とおやまかげもと》の父・景晋《かげみち》は５００石取りの旗本だが、幕府の試験で優秀な成績を収めたため、後に長崎奉行を拝命している。長崎奉行は幕末を除き遠国奉行中で最高位の役職とされていたから、これは大出世といえる。

ちなみに、8代将軍・徳川吉宗《よしむね》政権下で町奉行となった大岡忠相《おおおかただすけ》の前職は、伊勢神宮の警衛と遷宮や例祭の実施などを管掌する山田奉行だった。〝鬼平〟こと長谷川平蔵宣以《はせがわへいぞうのぶため》の

父・宣雄《のぶお》も京都町奉行を務めている。

　遠国奉行は、幕府を代表して幕府直轄都市を支配するという位置付けで、就任すれば大きな権限が与えられた。有事で近隣の大名に出兵を要請し、指揮を執ることなどもできた。

　したがって、遠国奉行の任命は、江戸城本丸の「御座《ござ》の間《ま》」で将軍直々に行なわれ、任地へ向かう行列も大名のそれと変わらないものが許された。誇りを持って立派に務めるようにとの配慮であり、激励でもあったろう。

　幕末の勘定奉行・川路《かわじ》聖謨《としあきら》は、佐渡奉行に初任命されたとき、大名並みの立派な行列で赴任する光栄に思わず感涙したという。その後、川路聖謨は数々の難事に粉骨砕身し、江戸開城直前の明治元（1868）年に幕府に殉じてピストル自殺を遂げている。

出世コースに乗った
エリートが務めた三奉行

寺社奉行はエリート中のエリート

三奉行とは老中《ろうじゅう》支配の寺社奉行《じしゃぶぎょう》・町《まち》奉行・勘定《かんじょう》奉行の総称である。寺社奉行のみが大名《だいみょう》役で、ほかは旗本《はたもと》が任命される役職だった。

寺社奉行は、全国の寺社・寺社領の管理と宗教統制にあたる。定員は約4名で、奏者番《そうじゃばん》の譜代《ふだい》大名が兼職するのが普通だった。

奏者番とは〝大名出世双六《すごろく》〟のふりだしとなる役職で、だいたい20～30名が選出され、将軍拝謁の取り次ぎなど城中での儀礼全般を取り仕切る。

また、諸大名の詳細な情報を記した書物「武鑑《ぶかん》」を丸暗記する必要があったといわれる。

奏者番は上司の新米いじめもきつかったようで、かなりつらい仕事だったと考えられる。

そんななかから選ばれた寺社奉行兼任の奏者番はエリート中のエリートだった。彼らは、そこから若年寄・大阪城代・京都所司代と昇進していくわけである。

江戸時代のキャリア組

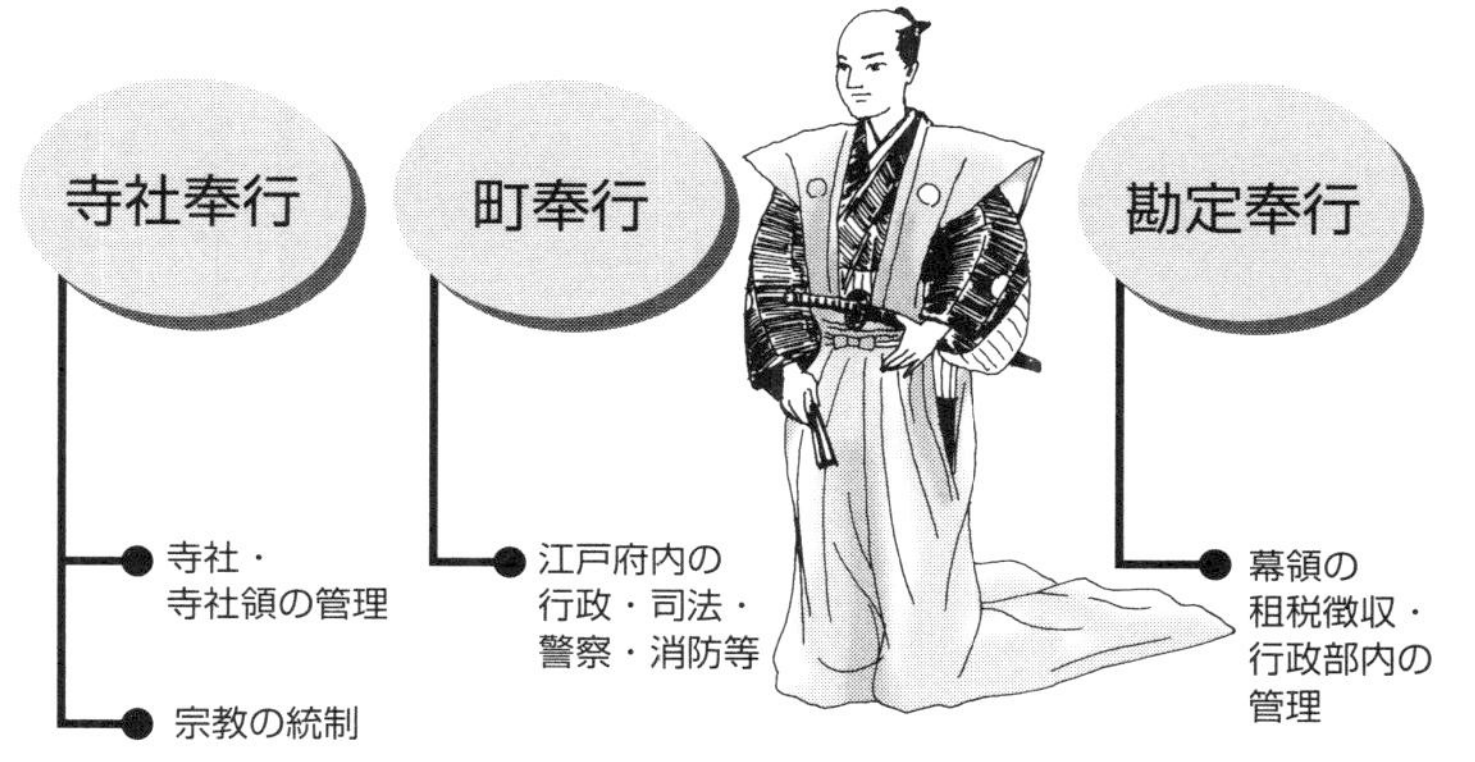

町奉行は江戸府内の行政・司法・警察・消防等一切を管掌した。

都知事・警視総監・裁判所長・消防署長をひとまとめにしたような重要な役職だけに、特に優秀な人材が選ばれて就任した。

とはいえ、人口50万人を管理し、しかも、犯罪捜査担当の同心は、南北合わせてたった12人。さぞや大変だったろう。そこで、同心は複数の目明《めあかし》(岡《おか》っ引《ぴき》)を自前で雇い、人員を補ったのである。

勘定奉行は勘定所の長官だが、中央の経理や財務だけを見ていたわけではなく、配下の郡代《ぐんだい》や代官《だいかん》を通じて幕領の租税徴収や訴訟などの行政部門も取り扱い、後には五街道以下の交通関係も担当した。つまり、勘定奉行=財務大臣ではなかったのだ。

三奉行の職掌分担は、分野別というより担当するエリア別に設定されていたのだ。

目付は旗本・御家人の、大目付は大名の監察役

キャリア入りの競争率は180倍

三奉行《ぶぎょう》の所管事項の中で、専決できないものや重要案件は、幕府の最高裁判所である評定所《ひょうじょうしょ》で審理した。三奉行と大目付《おおめつけ》・目付が出席し、式日には老中《ろうじゅう》も1名列席し、町奉行が手を出せない不良旗本《はたもと》の裁判、お家騒動の裁定などは、ここで行なわれていたわけだ。

目付の仕事は主として旗本・御家人《ごけにん》の監察である。300石《こく》以上の旗本が、書院番《しょいんばん》や小姓《こしょう》組番の番士から、使番《つかいばん》、徒頭《かちがしら》、小十人頭《こじゅうにんがしら》などの役職を経て昇進した。定員は10名で、欠員があった場合のみ新任された。

採用法も目付全員の合議という特殊なものだった。つまり、先輩が後輩を選んだのだ。

さらに、旗本キャリア組である目付同士の競争も熾烈《しれつ》を極めたが、働きぶりが老中に評価されると、遠国《おんごく》奉行などに任命されてさらに上の出世コースに乗れた。

一方、諸大名の監察の任にあたるのは老中支配の大目付で、大身《たいしん》旗本が就任するのが通

出世のスタートは目付、ゴールは大目付

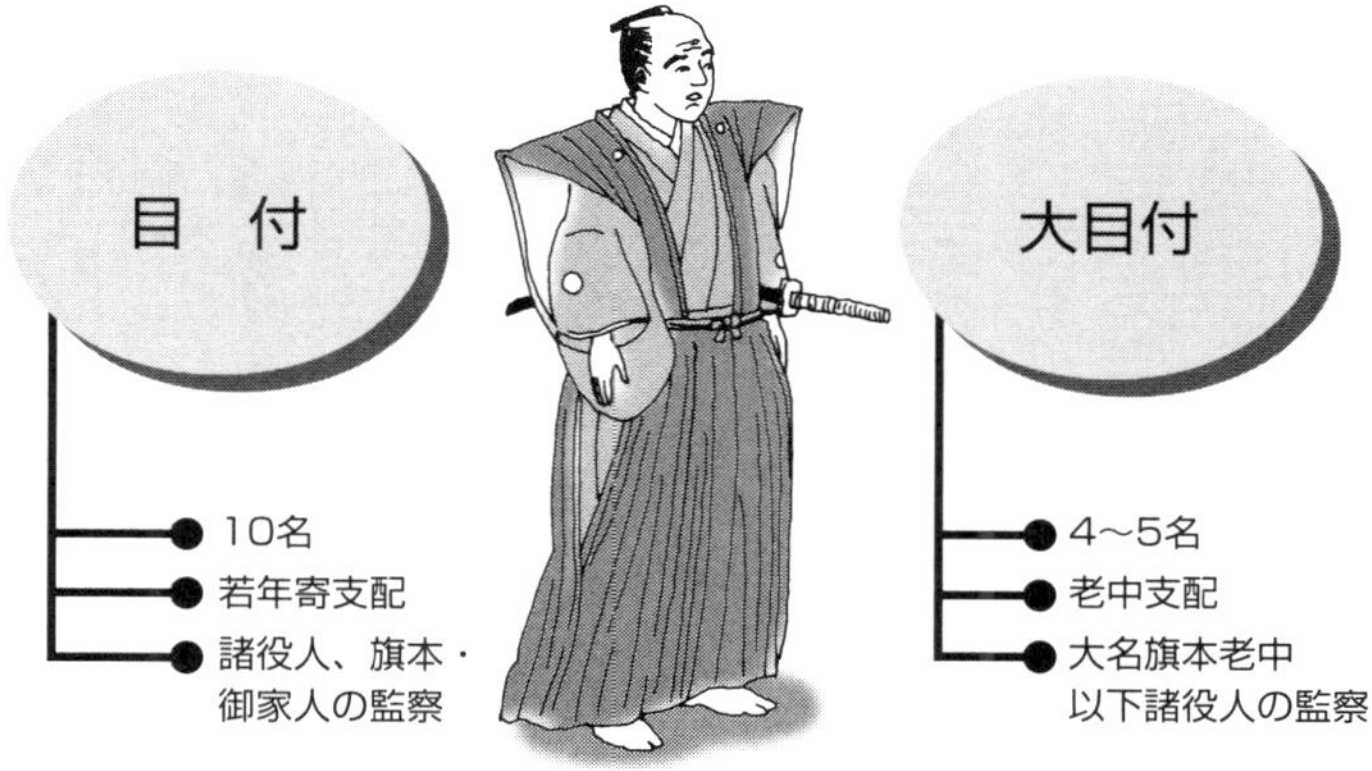

例だったが、適任と認められれば500石程度の者でも任じられた。

小説『宮本武蔵』で有名な柳生宗矩《やぎゅうむねのり》が創設時の4名に含まれているほか、町奉行・遠山景元《とおやまかげもと》も一時この職を務めている。諸大名の居城修理の許認可や、お家騒動の調査・裁定、将軍外出時の指示、全国への法令伝達などを担当し、後には勘定奉行と共に交通を管掌する道中《どうちゅう》奉行役も兼任した。任命された旗本には、大名に準じる格式が与えられた。

延宝《えんぽう》8（1680）年に発覚した高田《たかだ》藩の「越後《えちご》騒動《そうどう》」では、時の大目付・渡辺綱貞《わたなべつなさだ》が取り調べにあたったが、その翌年、将軍・綱吉が異例の親裁を強行し、渡辺綱貞の吟味を不備として八丈島流刑に処した。

この処置に血涙をしぼった綱貞は流刑地で断食自殺している。

幕府を長期存続させた大名統治のシステム

幕府が大名に認めた〝地方自治権〟

江戸時代の大名《だいみょう》の定義とは、米の生産高換算で1万石《ごく》以上の土地の支配権を将軍から委任された者であり、臣従《しんじゅう》を誓った大名に将軍が領地を安堵《あんど》（保証）するのが幕藩体制の基本である。

江戸幕府の大名統治機構において最大の特色といえるのは、諸大名家に対しておおむね地方自治権を認めた点にある。年貢《ねんぐ》の徴収や産業の統制、領内における犯罪者の処罰などは、それぞれの大名家が独自に制度を整え、実施することができた。

その代わり、参勤交代《さんきんこうたい》制で領主の江戸参府を義務付け、将軍代替に際しては全国に巡検使を派遣して地方行政の実態をチェックした。

つまり、大名家が取り潰しにあうのは、将軍の意思によるのではなく、幕府の規定に背《そむ》くと判断されたときである。

主な大名とその石高

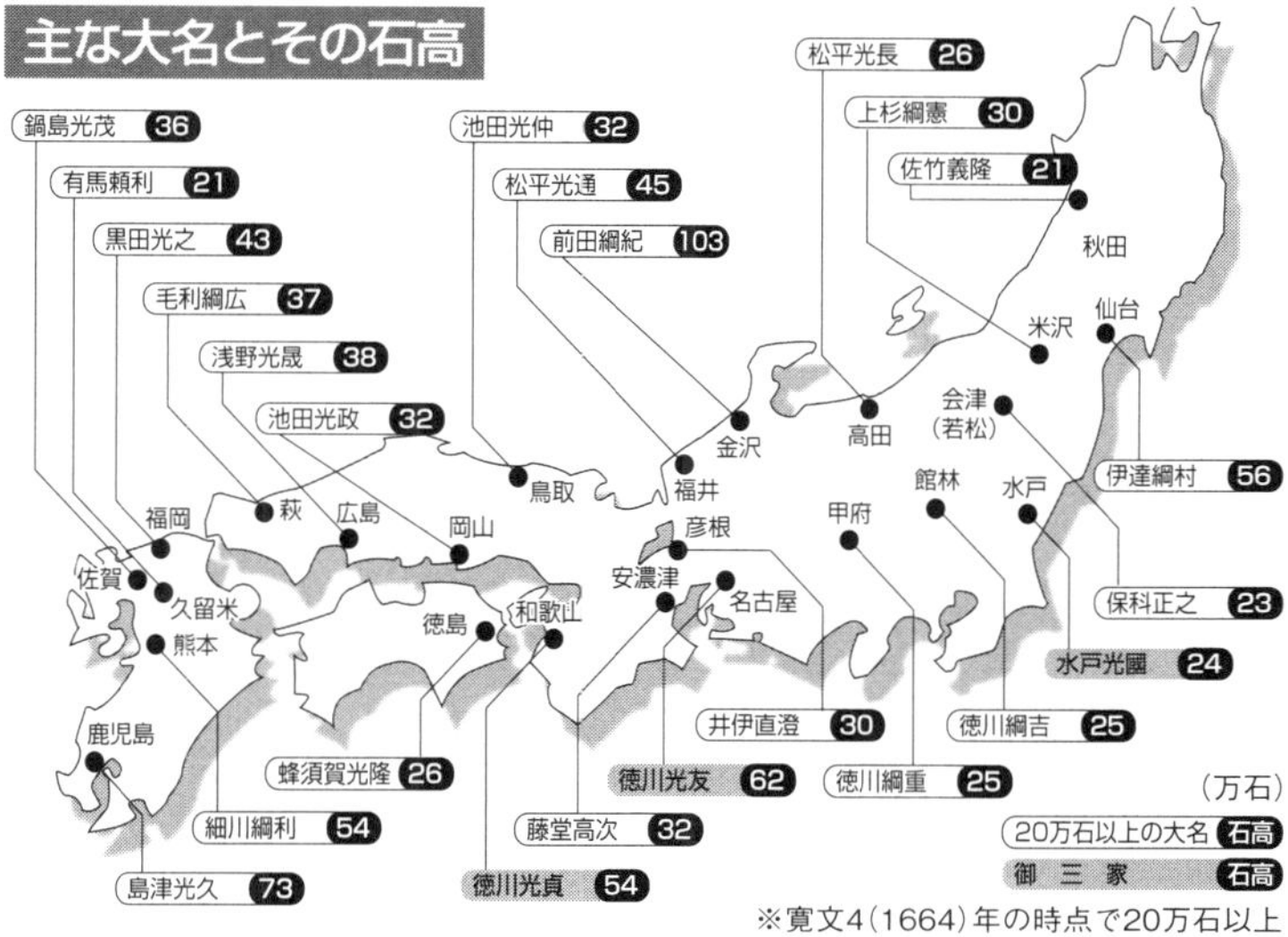

※寛文4（1664）年の時点で20万石以上

ルール違反は厳しく罰せられ、外様《とざま》も譜代《ふだい》もなく〝法の下による平等〟が実現されていた。

規定違反とは、居城の無断修理、家中《かちゅう》騒動、農民叛乱《はんらん》など藩政不行届《ふゆきとどき》、不行跡《ふぎょうせき》、無嗣《むし》（後継ぎのないこと）などである。急死の場合も死後の養子中請〝末期《まつご》養子〟は認められなかったが、後にこれは緩和された。

大名統治のもう一つの特色は、譜代大名の幕閣登用制である。つまり、老中《ろうじゅう》などの重職を世襲制とせず、諸大名に競わせるかたちで登用したことだ。

もちろん、家格による制限はあったが、これが優秀な人材の選別につながり、トップの交代ごとに幕政の自浄作用を促すことにもつながった。

将軍独裁・重職世襲としなかったことが、〝鎖国政策〟と並び、幕府を存続させた大きな要因だったのではないだろうか。

法制度から見えてくる幕府の身分制度

エリアと身分によって違った法令

江戸時代には行政・司法共にエリア別に行使されるのが普通だった。

そう考えると、幕府の法制度を理解するためには、〝江戸城中《じょうちゅう》と武家地〟〝寺社地〟〝江戸府内町地〟〝代官支配地〟〝朝廷内〟というように、場所とその住民の身分に着目する必要がある。

武士に対する法令としては「武家諸法度《ぶけしょはっと》」というのがあった。もともと大名《だいみょう》が対象で、幕臣には「諸士法度《しょしはっと》」というものがあったが、後に統合された。「文武に励め」といった精神論に始まり、いくつかの禁止事項が並ぶ。

ただし、5代・綱吉《つなよし》の代に確定した15条の「法度」は、明確な細則や処罰規定はなく、処罰はあくまでも幕府の裁定によった。

不行跡《ふぎょうせき》の場合、大名なら、取り潰しや御家《おいえ》断絶、切腹、他家預《たけあずけ》などである。旗本《はたもと》なら、

江戸幕府が布いた法制度

- **●武家諸法度** → 幕府が諸大名の統制のために制定した基本法。将軍の代替りごとに諸大名にこれを読み聞かせ、違反した大名には厳罰を加えた
- **●諸士法度** → 5代綱吉が『武家諸法度』を改訂し、天和3（83）年以後『諸士法度』に代え、旗本にも適用
- **●禁中並公家中諸法度** → 幕府が朝廷、公家の地位を確定したもので、朝廷の権威に対して武家の権威を確立した基本法
- **●諸宗本山本寺諸法度** → 幕府が仏教教団に対して定めた諸法度の総称
- **●公事方御定書** → 刑事関係成文法規。上巻に司法警察関係の法令を収め、下巻に刑法、刑訴、民訴など実体法、手続法を収めた

評定所《ひょうじょうしょ》で裁判が行なわれ、重罪者は切腹または毒薬による自裁を命じられる。

後者は〝御薬頂戴《おくすりちょうだい》〟と称し、病死として処理された。

朝廷向けには「禁中《きんちゅう》並《ならびに》公家《くげ》中諸法度《ちゅうしょはっと》」があったが、これにも罰則規定はなく心得集といった内容である。ただし、京都所司代《しょしだい》が常に目を光らせており、公家《くげ》の犯罪や不行跡が発覚した場合は朝廷を通じて厳罰に処した。

僧侶に関しても、寺社奉行《ぶぎょう》がそれぞれの宗派の統制機関「僧録所《そうろくじょ》」を通じて罰を下した。

江戸の町方《まちかた》や近郊農村では、最初、町奉行や勘《かん》定《じょう》奉行から発せられる〝お触《ふ》れ〟が成文法として効力を持った。

これを集成・編纂したのが、幕府の庶民に対する基本法『公事方御定書《くじかたおさだめがき》』である。

『御定書』には細かい規定があり、犯罪に対応する刑罰も明示されていた。庶民に対する刑罰は〝一罰百戒《いちばつひゃっかい》〟の見せしめ刑が多く、放火は火あぶり、不義密通は引き廻しの上、獄門《ごくもん》、10両を盗んだだけで死罪となった。

その上、旗本に庶民が無礼を働けば〝切捨御免《きりすてごめん》〟であった。江戸の法制度を見る限り、身分差別はやはり厳然として存在していた。

庶民の〝死刑〟は、罪の内容に応じて5種類にも分けられていた。放火の〝火あぶり〟を別とすれば、親殺しの尊属殺人が最も重くて〝磔《はりつけ》〟である。さらに重いのが主殺《しゅごろ》しで〝鋸引《のこぎりび》き〟とされたが、これは形式的に鋸と共に罪人を晒《さら》した上で〝磔〟にしたものだという。

現在いうところの引ったくりは、斬首《ざんしゅ》後の首を三日三晩晒す〝獄門〟に処された。往来で人を襲うという反社会性が重視されたものだろう。

10両以上の窃盗《せっとう》犯が処せられた〝死罪〟は財産没収の上、牢内で斬首というもので、その死体は刀の試し斬りに使われた。時代劇などで犯人の代名詞とされる〝下手人《げしゅにん》〟もじつは刑罰名だ。

こちらは通常の斬首刑で、喧嘩《けんか》の末に相手を殺した場合に適用される。〝喧嘩両成敗《りょうせいばい》〟は言葉だけのことではなかった。

大岡越前はやはり名奉行

さて『公事方御定書』がまとめられたのは、享保改革を推進した8代将軍・吉宗《よしむね》の時代で、寛保2（1742）年に仮完成した。

編纂は老中の松平乗邑を主任に、勘定奉行、寺社奉行、江戸町奉行の石河政朝の三奉行が中心となって行なった。上巻は元文3（1738）年に完成するが以降も追加作業が行われ、寺社奉行時代の大岡忠相（越前守）らも関わったといわれている。担当したのは〝名奉行〟大岡越前守忠相《おおおかえちぜんのかみただすけ》だった。

この頃、江戸の町に庶民の犯罪が増加し、裁判手続きの簡略化のために刑を明確にした成文法が求められたのである。

ところで、晩年、吉宗が忠相を呼んで「そちはどれほど人を殺したか」と質問した。答えは「二人殺し候《そうろう》」というものだった。笑いながら吉宗が「本当はその100倍か、1000倍か」と言うと、忠相は真面目な顔つきで「法に則《のっと》り、自ら罪科《ざいか》を認めて処刑された者は、私が殺したとは考えませぬ。二人とは、私の追及が厳し過ぎたため、あえて虚偽の自白をして処刑された者が一人。また、詮議《せんぎ》完了前に牢死した者が一人」と説明したという。

刑が苛酷《かこく》なだけに冤罪《えんざい》を避けようと苦心した忠相の誠実な人柄を伝える逸話だ。

幕府の統制方法により序列化された大名たち

〝三百諸侯〟を序列化する格付規準

さて、幕府には〝武家用〟として朝廷の官位を本来の定数とは別に奏請《そうせい》する権利があった。官職とは越前守《えちぜんのかみ》・主殿頭《とのものかみ》などで、位階は正三位とか従五位などである。朝廷の仕事をするわけではなく、名目だけだ。

が、幕府は、これを大名統制に活用した。最高位が従一位太政《だいじょう》大臣である将軍を頂点として、従二位大納言《だいなごん》（尾張《おわり》・紀伊《きい》家）、従二位中納言《ちゅうなごん》（水戸家・御三卿《ごさんきょう》）、従三位参議（前田家）……というように大名家を官位で序列化したのである。1～3万石《ごく》程度の多くの大名家は従五位以下に叙任され、これを諸大夫《しょだいぶ》と称した。

ほかにも石高《こくだか》・支配形態・家格・役職などの格付規準があった。これらを細かく組み合わせることで、幕府は序列を厳密なものとした。それが、大名のプライドをくすぐり、幕府の権威強化に役立っていたのだ。

江戸城大広間での将軍拝謁の図

松の廊下《ろうか》西の部屋が御三家《ごさんけ》、大広間《おおひろま》が島津《しまづ》・伊達《だて》など四位以上の外様国持《とざまくにもち》大名、溜《たまり》の間《ま》が高松・会津の両松平家と井伊《いい》家、その次の間が京都所司代《しょしだい》・大坂城代《じょうだい》、帝鑑《ていかん》の間《ま》が城主格の譜代《ふだい》約60家、雁《かり》の間が譜代約40家。柳の間が五位の外様大名と高家《こうけ》——登城した大名は、それぞれ定められた部屋に入る。旗本も格式で部屋と席次が決められていた。

大名が総登城する将軍宣下伝達式や新年参賀儀式などは大広間で行なうが、五位の大名が勢揃いしての謁見は、縁側に衣の端がはみ出すほどぎゅうぎゅう詰めとなる。

ここでの席次も〝先任順〟である。自分はE列8番、あなたはG列3番といったことを事前に心得るためにリハーサルがあった。

取り違えでもしたら、相手に遺恨を持たれて大変なことになるからだ。

朝廷は京都所司代、西国大名は大坂城代が監視

老中に次ぐ地位の地方行政官

京都所司代《しょしだい》は、江戸幕府の組織の中で老中《ろうじゅう》に次ぐポストだ。もちろん、地方行政官としては最も重要な役職で、無事に務めをはたすと老中への昇進が約束されていた。

初期には京都の市政と治安を直接担当し、市長と警察署長としての役割を兼ねたが、後に京都町奉行《まちぶぎょう》職が置かれると、畿内8カ国の司法裁判も担当するほか、朝廷の監視と折衝、公家や寺社の支配、西国《さいごく》大名の監督へと仕事の比重が移った。

一方、大坂城代《じょうだい》はそれに次ぐ地位で、大坂城の警衛と西国大名の監視にあたったというが、その仕事の実態はあまり明らかではない。

諸大名に謀反《むほん》をたくらむような元気がなかったこともあろうが、市政と周辺幕領の統治は大坂町奉行がおもに担当しており、城代の活躍がはっきり見えるのは天保《てんぽう》8（1837）年に起きた「大塩平八郎《おおしおへいはちろう》の乱《らん》」を鎮圧したことくらいである。

初期の京都所司代と大坂城代の立ち位置

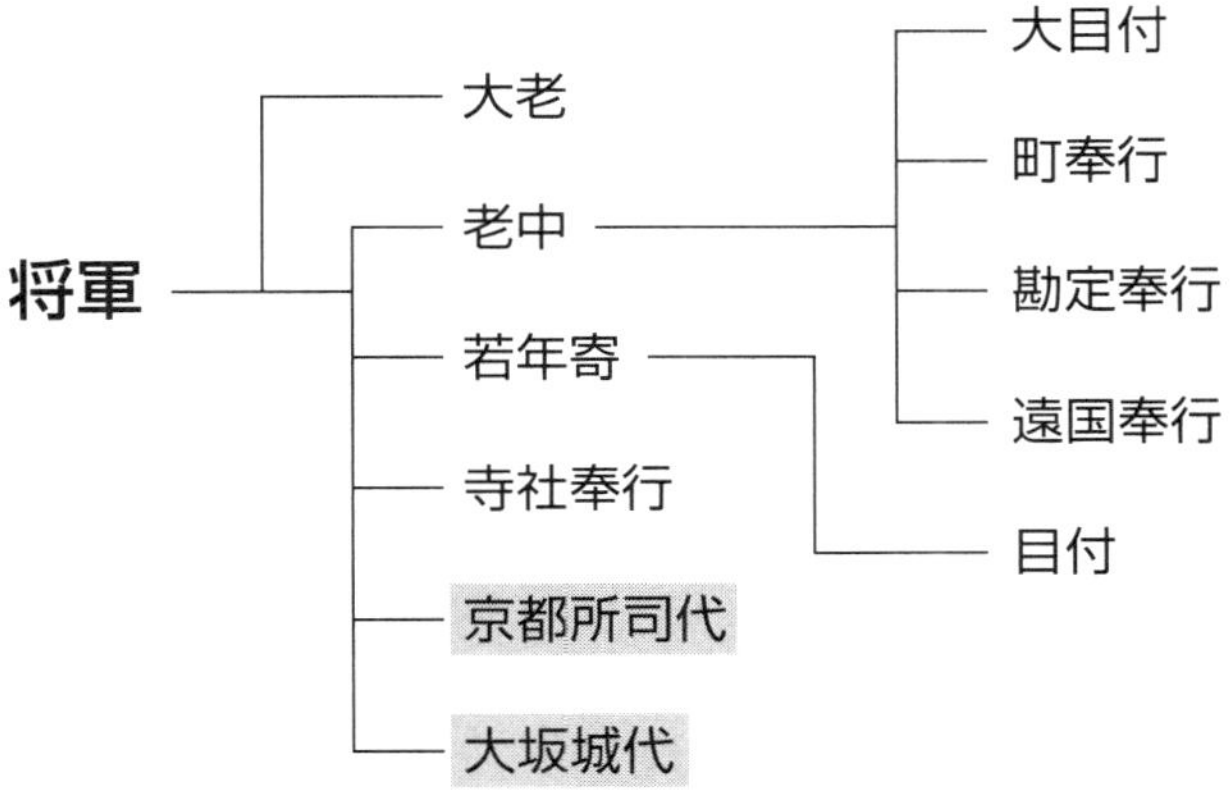

江戸末期、京都守護職が新設されるとその支配下におかれ、維新の動乱と向き合うことに

当時の城代は下総古河《しもうさこが》8万石の藩主・土井利位《どいとしつら》だ。その功もあって、土井利位は年内に所司代へ昇進、翌年にはめでたく老中就任というトントン拍子の出世コースを歩んでいる。

江戸開府に際しては軍事的な意味合いが強かった両職だが、泰平の世には大名出世双六《すごろく》の1マスとなっていた。それがにわかに忙しくなったのが幕末で、京都・大坂共に尊攘《そんじょう》派の志士が暗躍する中、両職とも治安維持に躍起となった。

陸奥会津《むつあいづ》藩主・松平容保《まつだいらかたもり》（「新選組」の大親分）が、新設の京都守護職として赴任してくると、京都所司代・大坂城代はその支配下となって維新の動乱を迎えた。

最後の京都所司代は伊勢桑名《いせくわな》藩主・松平定敬《まつだいらさだあき》、大坂城代は常陸笠間《ひたちかさま》藩主・牧野貞明《まきのさだあき》。貧乏クジを引かされた2人には同情するほかない。

江戸での生活で火の車
——大名家の家計簿事情

米沢藩上杉家の江戸参府費用

〝名君〟として知られる上杉鷹山《うえすぎようざん》が明和《めいわ》4（1767）年に米沢《よねざわ》藩主になった時、藩主の生活費は1500両《りょう》と設定されていた。彼はそれを200両ほどに節約するのだが、この事例を基に、家計を計算してみよう。

米沢藩15万石《ごく》の年貢収入は15万×0・4＝6万石だが、16万両の借金を抱え、藩が疲弊していた当時は、半額の3万石程度しか実収入がなかったという。家臣6千人の知行《ちぎょう》を取り除いた全額を換金し、借金の利息を返済して国元の運営費を差し引くと、江戸参府には5千両ほどしか割けなかったはずだ。

よく似た事情を抱えていた熊本《くまもと》藩細川《ほそかわ》家の江戸参府費用は7千両。こちらの借金は35万両である。格式相応なら、細川＝10万両、上杉＝3万両はかけてもよいところ。だが、共にそんなことを言っている場合ではなかった。

江戸の物価に悩む大名

参勤交代の経費や江戸の高い物価など、諸大名は頭を悩ませていた

切り詰めるだけ切り詰めた米沢藩の江戸参府費用5千両を、1両×10万円で換算すると5億円だ。参勤の旅費、江戸屋敷の経営、江戸城での儀礼にかかる費用一切込み込みでこの金額は苦しい。しかも、江戸の物価はとんでもなく高かった。

衣類・灯油・薪炭《しんたん》・酒・調味料・嗜好品《しこう》・家具といった加工商品はすべて上方から船で送られていたため、運搬費が値段に上乗せされていたからだ。文政《ぶんせい》9（1826）年に江戸を訪れたシーボルトによれば、食品の値段も地方の城下町より5倍は高かったそうだ。

上杉鷹山の年間生活費200両（＝2000万円）は1千石クラスの旗本と同じである。これを我慢して鷹山は借金返済に成功したが、江戸での生活費に相変わらず1億円以上もかけていたら、とても不可能なことだったろう。

莫大なお金を費やした参勤交代時の大名行列

武器・弾薬も持ち歩いた大名行列

参勤交代は1年ごとと限ったものではなかった。江戸周辺に領地を持つ大名は半年ごとだったし、御三家《ごさんけ》の水戸藩などは参勤交代をしない「江戸定府《じょうふ》」と定められていた。

行列の規模や従者の数が厳密に決められていたわけではないが、格式を競うのは幕藩体制下における大名家の宿命で、九州の薩摩《さつま》藩島津《しまづ》家、熊本《くまもと》藩細川《ほそかわ》家などは、それが原因で借金が膨れ上がったといっても過言ではない。

行列の規模に規定がないとはいえ、江戸と国元《くにもと》の往復には厳しい条件があった。この道中は軍役に準じるとされ、武装した行軍隊列（供揃《ともぞろえ》という）を整えた上で武器・弾薬・兵《ひょう》糧《ろう》などもすべて持ち歩いたのである。

百万石の加賀《かが》藩前田《まえだ》家の場合、総勢3〜4千人のこともあった。一般的な行列の順序は、先箱《さきばこ》、槍持《やりもち》、徒士《かち》が先駆《さきがけ》を務め、殿様の駕籠《かご》周りを守る馬廻《うままわり》、近習《きんじゅう》、その後ろに、草履《ぞうり》

大名行列

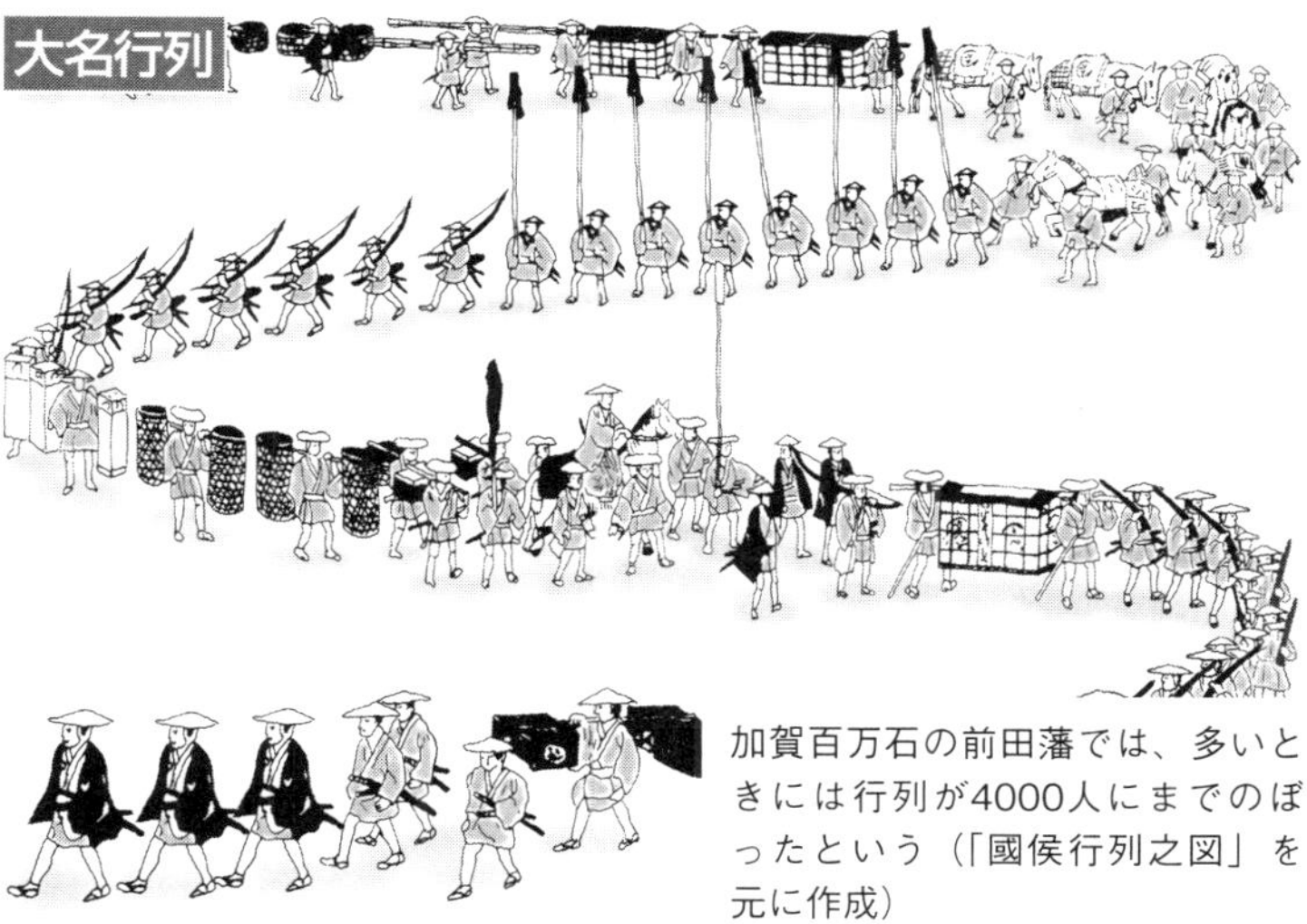

加賀百万石の前田藩では、多いときには行列が4000人にまでのぼったという（「國侯行列之図」を元に作成）

取《とり》、傘持《かさもち》、引馬《ひきうま》、槍持などと延々と続く。

　このため、加賀藩の江戸参府費用は多いときは金換算で10万両《りょう》にものぼった。現代のお金にすると100億円だ。大半は江戸での経費だが、行列にも3分の1程度は費やしたはずである。

　御三家の紀伊《きい》徳川家なども1回の行列（17泊）に1万5千両を使った。往復で3万両である。なんだか上杉鷹山《うえすぎようざん》がかわいそうになる。

　ところで、戦場なら斥候《せっこう》役に当たる役目の者が大名行列にもいた。敵陣の動静を探るのではなく、行列から離れて前方を行き、他家の行列の有無を確かめる。

　もし、大名行列を発見したら、旗印でどこの家中かを判断して主君に報告する。序列で相手に劣る場合、その大名は脇道へ逸《のが》れるなりしてやり過ごさねばならなかった。

お家維持の経費に圧迫された幕臣の実収入

〝エリート幕臣〟A氏の年収は？

幕臣《ばくしん》である旗本《はたもと》や御家人《ごけにん》の給与制度を、家禄《かろく》500石《こく》の旗本・A氏の例で紹介しよう。A氏は〝使番《つかいばん》〟という若年寄《わかどしより》が管轄する役職に就く、かなりのエリートである。使番は1千石格の役なので家禄に500石の足高《たしだか》がプラスされる。

1千石の米が取れる領地を与えられた〝知行取《ちぎょうどり》〟なので、「四公六民」ルールだと4割の年貢で手取り400石となる。年3回の俸禄米をもらう〝切米取《きりまいどり》〟の1千俵（＝350石）クラスとほぼ同じだ。

さて、江戸では1石（約150kg）の米がだいたい金1両《りょう》で取引された。その米価や他の物価も考慮して換算した、1両＝10万円という物差しを使うと、10万×400で4000万円がA氏の手取りの年収となる。

リッチと思えるが、米を全部換金するわけではない。あらかじめ自分や家族が食べる分

エリート幕臣A氏の収支

収入

家禄 500石 ＋ 役職手当 500石 ×0.4＝400石　400×10万円＝**4000万円**

（0.4：知行取は4割）

支出

- ○自分も含めた家族の米
- ○家臣20〜30人分の給料
- ○使用人の給料
- ○屋敷の維持費　などなど

合計 **3000万円** 程度

実収入は1000万円程度

しかし

- ・被服費
- ・交際費　などで多額の出費

年収1000万円でも生活は質素であった

を差し引くのだ。換金時に札差《ふださし》から手数料を引かれ、換金分から家臣・使用人の給料や屋敷の維持費などを支出する。家臣の扶持米《ふちまい》（食用の玄米）は別に支給されるが、家臣だって米だけでは暮らせない。1千石格は軍役への備えや儀礼上からも20〜30人の家中が必要で、人件費はすべて自分持ちである。

さらに、エリートであるA氏は衣服などにも気を遣い、上司への付け届けや交際でかなりの出費がある。冗費を慎み、質素な生活を心掛けてやっと普通に暮らしていけたというところだろう。

3千石格の町奉行《ぶぎょう》ともなれば手取りの年収で1億5000万円——。当時は人件費が比較的安かったから、その半額以上が実収入となったはずだが、その逆に、小身《しょうしん》になるほど苦しかった。自分の生活費を削ってでも、家臣を雇っておくのは義務だったからだ。

ある武士の一日――吟味方・町与力の場合

町与力B氏の〝優雅な生活〟

裁判官兼警察署長の吟味方《ぎんみかた》と、所内庶務担当の年番方《ねんばんかた》では勤務形態も異なる。例として、吟味方の町与力B氏の日常を覗いてみよう。

与力のような下級武士は〝三日勤《みっかづとめ》〟といって2日勤めて1日休む勤務規定だった。

B氏は当番の朝六つ時（午前6時頃）前に起きた。妻の挨拶を受け、使用人の女性に月代《さかやき》を剃らせ、一汁二菜の朝食をとる。200俵《びょう》取りで町方からの付け届けなど副収入も多い町与力ならではのことで、鉄炮組30俵取りの貧乏同心《どうしん》などは大体が茶漬程度だった。

身仕度も使用人を使い、袴《はかま》と裃《かみしも》を身に付ける。八丁堀《はっちょうぼり》の組屋敷を出て奉行所へ出勤する道中は、B氏を先頭に槍持《やりもち》、箱持、中間《ちゅうげん》3人の総勢6人で、なかなか物々しい。奉行は所内の奥《おく》（役宅）に起居しており、五つ（午前8時頃）に表《おもて》へ出勤する。

この日、B氏は白洲《しらす》で容疑者2名を尋問した。与力が罪状を固めてから〝御奉行様の御

江戸勤番の若い武士達は暇を持て余して、よくこのような宴会を開いていたという（「久留米藩江戸勤番長屋絵巻」を元に作成）

出座〟という段取りなのだ。取り調べ不十分で逆転無罪とでもなればクビにかかわる。

昼食・夕食共に所内でとって、その日は泊り役だが、どうやら捕り物もなさそうだ。

翌日、定廻《じょうまわ》り同心の報告を受け、調べ物をして九つ（正午頃）に帰宅。

与力は〝殿様〟ではなく〝旦那《だんな》様〟だが、その妻は旗本並みに〝奥様〟と呼ばれる。「八丁堀七不思議」の一つだ。武家の女性は客を応対しないのが慣例だが、役目柄、与力の妻だけがわけありの客を応対したためらしい。

役向きの来客はなかったが、他家へ養子に入った弟が、また借金を申し込んできたという。顔をしかめながら送金を命じ、夕刻、B氏は羽織《はおり》がけの着流し姿で銭湯へ出かけた。さて、明日の休みは何をして過ごそう。久しぶりに庭いじりでもするか――。

半数はする仕事がなかった官僚の旗本と御家人

将軍家直属の〝国家公務員〟

〝旗本八万騎《はたもと》〟という言葉がある。これは徳川将軍家に直属する家臣団の総称だ。この直属の家臣には旗本と御家人《ごけにん》の2階層があった。

旗本とは将軍に謁見する資格を持つ家格の者であり、これを〝御目見得以上《おめみえ》〟と称する。御目見得以下を御家人という。

旗本の禄高《ろくだか》は、100石《こく》～1万石未満とかなり幅が広い。

また、禄高だけでなく官位でも階層化され、従五位下は諸大夫《しょだいぶ》と呼ばれた。

もともと旗本は〝旗のもとにある者〟という名の通り、有事での将軍親衛隊である。

しかし、泰平の世には、有事となることはまずない。そこで、幕府内にさまざまな役職が設定され、旗本たちが任命された。主要な役職は3代将軍・徳川家光の時代にすでに制定されているが、その後さらに増え、天保《てんぽう》年間の『諸役大概順《しょやくたいがいじゅん》』という史料による

徳川幕府の組織図

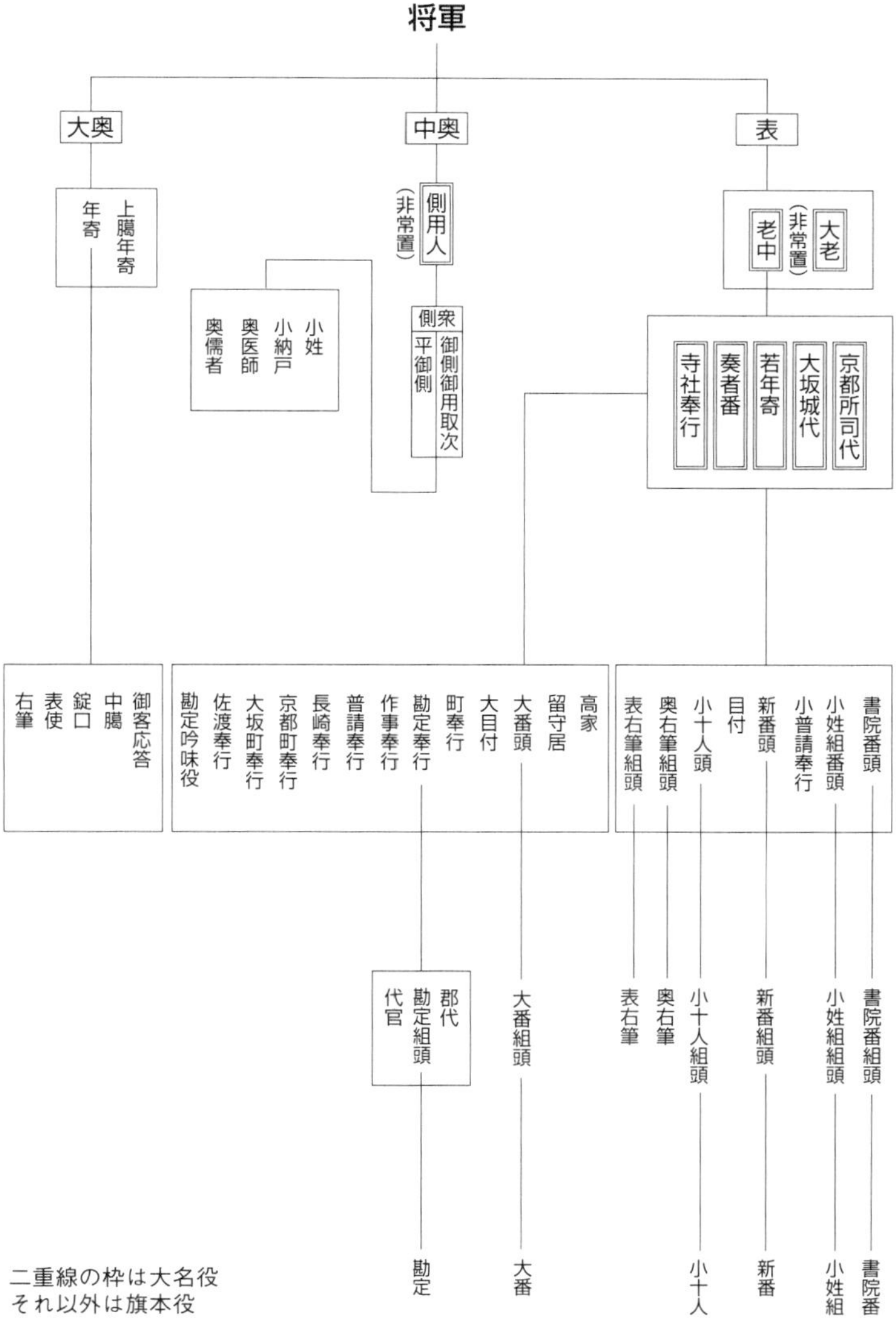
将軍
大奥
中奥
表
上臈年寄
年寄
側用人
（非常置）
大老
（非常置）
老中
小姓
小納戸
奥医師
奥儒者
側衆
御側御用取次
平御側
京都所司代
大坂城代
若年寄
奏者番
寺社奉行
御客応答
中臈
錠口
表使
右筆
高家
留守居
大番頭
大目付
町奉行
勘定奉行
作事奉行
普請奉行
長崎奉行
京都町奉行
大坂町奉行
佐渡奉行
勘定吟味役
書院番頭
小姓組番頭
小普請奉行
新番頭
目付
小十人頭
奥右筆組頭
表右筆組頭
郡代
勘定組頭
代官
大番組頭
表右筆
奥右筆
小十人組頭
新番組頭
小姓組組頭
書院番組頭
勘定
大番
小十人
新番
小姓組
書院番
二重線の枠は大名役
それ以外は旗本役

と、旗本が就く役職として182種類が掲載されている。老中《ろうじゅう》支配の町奉行や勘定《かんじょう》奉行、大番《おおばん》や、若年寄《わかどしより》支配の書院番・小姓《こしょう》組などが、その代表的なものだ。

江戸幕府の組織は、江戸城本丸の構造に合わせて〝表《おもて》・中奥《なかおく》・大奥《おおおく》〟の3種に色分けできる。大まかにいえば、〝表（＝政庁）〟に詰める者は行政担当、〝中奥（＝将軍官邸）〟に詰める側近は総務・情報担当、〝大奥（＝将軍や将軍夫人の私生活空間）〟に詰める女中らは庶務・家政担当というところだ。

格で決まっていた御家人のポスト

旗本の場合、家禄は世襲制だったが、役職に就けるかどうかは本人の能力によって左右された。もちろん、時代を問わず、根回しや賄賂《わいろ》も大きくものをいった。

さて、御目見得以下の御家人も、将軍家との関係の深さに応じて〝譜代席・准《じゅん》譜代席・抱席《かかえせき》〟に階層化され、それぞれ就ける役職が決まっていた。たとえばお金を扱う「支配勘定」や「進物取次番」になれるのは譜代席御家人だけだが、「普請役」とか「評《ひょう》定所書役《じょうしょかきやく》」は抱席御家人の役目である。

町奉行所配下の与力《よりき》・同心《どうしん》は時代劇でおなじみだが、これも抱席御家人の仕事だった。

譜代以外の御家人は原則的に家督相続を許されず、一代限りの臨時雇扱い。ただし、父親が隠退すると息子が新規に採用されるという暗黙の了解があり、事実上、後継ぎさえあれば家禄も役職も世襲されていた。御家人の役職は天保期《てんぽう》で250種類ほどあった。

幕府が抱えた1万人の〝給料泥棒〟

旗本と御家人を合計した幕臣の数は享保年間《きょうほう》（1716〜36年）頃でおよそ2万2千〜3千人。現在の国家公務員のおよそ110万人と比較して幕臣の数は50分の1。とはいえ、役職に就ける者はその半分強にすぎなかった。

残りの半分――1万人は何をしていたのだろうか。禄高3千石以上の大身《たいしん》または布衣以上の家格の者は寄合《よりあい》、それ以下の者は小普請《こぶしん》に編入されたが、通常の仕事は何もなかった。無役《むやく》の旗本・御家人を平社員や〝窓際族〟に比する場合があるが、出勤も仕事もせずに家禄だけ貰うのだから〝自宅待機〟に近い。

しかし、役に就けば役料がプラスされるが、寄合・小普請に支給されるのは家禄だけ。それなのに、格に応じた家来を雇わねばならず、家族だっていた。御家人クラスでは生活が苦しく、内職したり、禁を破って屋敷地を町人に貸したりせざるを得なかった。

家禄を支給する幕府にしても働かない社員を1万人も抱えていたわけで、この多大な人件費が幕府財政の首を絞め続けたのである。

立身出世のチャンスである「学問吟味」への挑戦

〝試験〟が開いた出世のチャンス

江戸湯島《ゆしま》（文京区）の昌平坂《しょうへいざか》は、中国の儒学者・孔子《こうし》の生地から採った地名で、名付け親は5代将軍・綱吉《つなよし》である。ここに江戸幕府の学問所があった。「昌平坂学問所」として官学になったのは、寛政《かんせい》9（1797）年で、それまでは「昌平黌《しょうへいこう》」という私塾だった。学問好きだった綱吉が、代々、歴代将軍の侍講《じこう》（教授役）を務める林家《りんけ》の家塾を、上野（台東区）忍ヶ丘《しのぶがおか》から移転して以後大きく発展した。一時期は衰退したが、〝燃える老中〟松平定信《まつだいらさだのぶ》が「寛政異学《かんせいいがく》の禁《きん》」なる政策を打ち出し、朱子学《しゅしがく》を幕府の〝正学《せいがく》〟としたことから、改めて特別な意味を持つ存在となった。

寛政4年から3年ごとに「学問吟味《がくもんぎんみ》」という試験が始まり、出世を目指す幕臣たちがこぞって挑戦することになった。翌年からは、15歳未満対象の「素読吟味《そどくぎんみ》」が開始された。これは及第しても褒美がもらえる程度だったが、幕臣の二男・三男坊にとっては、良家の

太田南畝

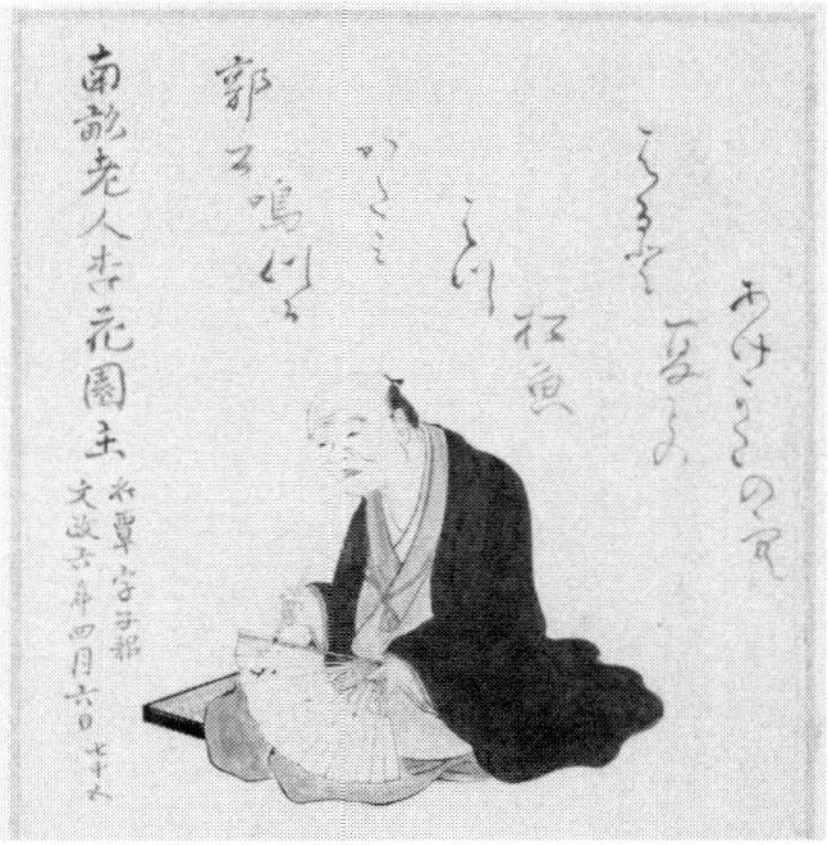

「肖像集」（栗原信充／画）より、太田南畝の肖像（国立国会図書館蔵）

養子に入るチャンスをつかむための重要な〝お受験〟であった。

寛政6年の第2回「学問吟味」合格者の顔ぶれがすごい。戯作《げさく》・狂歌《きょうか》界で名を馳せた御徒組《おかちぐみ》の御家人《ごけにん》・大田南畝《おおたなんぽ》は、一念発起して受験したこのテストで見事首席の座を射止める。時に46歳だった。支配勘定に昇格した彼は、玉川《たまがわ》治水や大坂・長崎での任務に精勤して能吏との評価を受けた。

先手組与力《さきてぐみよりき》・近藤重蔵《こんどうじゅうぞう》も、優秀な成績によって長崎奉行所詰となり、北方探険家として名を残す端緒を開く。後には書物奉行にまで昇進した。

一方、旗本クラスでは〝金さん〟の父・遠山景晋《とおやまかげみち》が及第。景晋は自分の経験から『対策則《たいさくそく》』という〝受験ガイド〟を著わした。後に彼が遠国奉行《おんごくぶぎょう》最上位の長崎奉行に昇進すると、後進の受験者たちはこの本をせっせと写本して、廻し読みしたという。

コラム

幕臣のキャリアアップ――出世頭は誰だ？

江戸時代を通じて最も出世した幕臣は誰か？ 単純比較は難しいが、将軍・家光《いえみつ》時代の松平《まつだいら》信綱《のぶつな》、綱吉《つなよし》時代の柳沢吉保《やなぎさわよしやす》、家《いえ》継《つぐ》・家宣《いえのぶ》時代の間部詮房《まなべあきふさ》、家《いえ》重《しげ》・家治《いえはる》時代の田沼意次《たぬまおきつぐ》らのケースが突出している。

松平信綱は15歳で家光の小姓《こしょう》となって５００石《こく》。以後、22歳で1万石の大名、28歳で年寄《としより》となり武蔵国忍《おし》3万石の城主、「島原の乱」鎮定の功績で34歳で武蔵国川越6万石の城主、42歳で7万5千石。つまり、27年で石高が１５０倍にアップした。

間部詮房は幕臣となった39歳時に2千石の書院番頭格。41歳で1万石大名、42歳で2万石、44歳で3万石、45歳で上野国高崎5万石の城主。たったの6年間で石高25倍のアップだが、51歳で新将軍・吉宗《よしむね》によって左遷・移封されてしまった。

田沼意次が17歳で継いだ父の家督は６００石。40歳で1万石大名、49歳で側用人・遠江《とおとうみ》国相《さが》良《ら》2万石の城主、54歳で老中となり3万石、67歳で5万7千石。50年かけて石高を95倍としたものの、晩年は失脚した。

しかし、凄いのは柳沢吉保だ。33歳で幕臣となった時は５００石の小納戸。41歳で側用人・1万2千石大名、47歳で武蔵国川越7万2千石の城主、50歳で9万2千石、55歳で11万2千石、57歳で15万１２００石、58歳で甲斐3郡の領主になった時には実高23万石に達する。

25年間で４６０倍のアップという〝大江戸ドリーム〟を実現した。

〝犬公方〟綱吉のもとで失脚もせず、晩年は悠々自適の生活を送ったというから羨《うらや》ましい。

第三章

江戸庶民のお財布事情

農工商の人々の暮らし

江戸幕府の台所事情——
米本位経済と金銀の採掘

経済の基盤〝米〟を売る人・買う人

江戸時代の農民は幕府や大名《だいみょう》家に年貢《ねんぐ》を納め、食用分を差し引いた残りを換金して生活し、武士たちも俸禄米《ほうろくまい》から食用分を差し引いた残りを換金して生活した。その米を金で買っていたのは、おもに江戸など大都市の住民たちだった。

さて、幕府財政の構造を見よう。歳入の部は、およそ400万石《ごく》という幕領《ばくりょう》からの年貢収入、これに直轄鉱山から採掘された金銀や長崎貿易の収益、都市部の商工業者からの運上《うんじょう》（税）収入が加わる。

歳出の部は、家臣の給料、大奥《おおおく》や役所などの諸経費、火災復旧や寺社造営などの臨時出費などが主な費目《ひもく》である。これは諸藩においてもほぼ同様だった。

米の収穫には豊凶がある。不作なら流通量が減少して米価は上がり、豊作時には下がる。ただし、江戸初期にはその落差がさほど大きくなく、なんとかバランスが保たれていた。

菱垣廻船

大坂・江戸間を輸送していた菱垣廻船

さらに鉱山からかなりの量の金銀が産出されていたので、その頃の幕府財政は豊かだった。

傾き出したのは3代・家光《いえみつ》の晩年あたりからで、幕府の年間予算分を優に超えていた家康時代からの遺産ストックがみるみる減り始めた。

これに明暦《めいれき》3（1657）年の「振袖《ふりそで》火事《かじ》」が文字通り火をつけ、400万両《りょう》はあったといわれる幕府の金蔵《かねぐら》の中身は、8代・吉宗《よしむね》の時代には13万6千両余りだったという。

幕府財政が窮迫した理由の第一は、採掘技術の限界から金銀産出量が激減したことだ。その一方で、農業技術は向上し、就労人口も増加したから米はたくさん獲れるようになった。武家も農民もみんな米を売りたいのに、代価としての金銀の流通は停滞を続けた。結果、米価は暴落し、幕府の財政は悲惨な状況となったのである。

米本位経済が生み出した〝札差〟と武家の関係

江戸の米流通システム

江戸には、幕領《ばくりょう》から搬入される幕府米のほか、諸藩の藩米も送られてきた。藩米はおもに参勤交代の江戸屋敷経費分であるが、仙台藩の場合は江戸に近い上、産米が良質で高値のつく〝ブランド米〟だったので、特に大量に流入して売りさばかれた。それ以外は商人が直接持ち込む米で、関東や奥州《おうしゅう》産の余剰米と、上方《かみがた》からの下り物を合わせ、総取引高のほぼ半分を占めていた。

これらの米（玄米）を、窓口になる米商や問屋が仲買に卸し、さらに中間業者を経て、舂米屋《つきごめや》が精白して末端消費者に販売するというのが、江戸の米流通システムだった。

幕府の米蔵がある江戸浅草《あさくさ》（台東区）には、旗本《はたもと》・御家人《ごけにん》の代理で切米《きりまい》（俸禄）を受け取り、売却・換金する〝札差《ふださし》〟が軒を連ねた。

特定の武家と契約した札差は〝蔵宿《くらやど》〟と呼ばれ、預かった手形で米を受け取り当日の米

巨利を得た“札差”

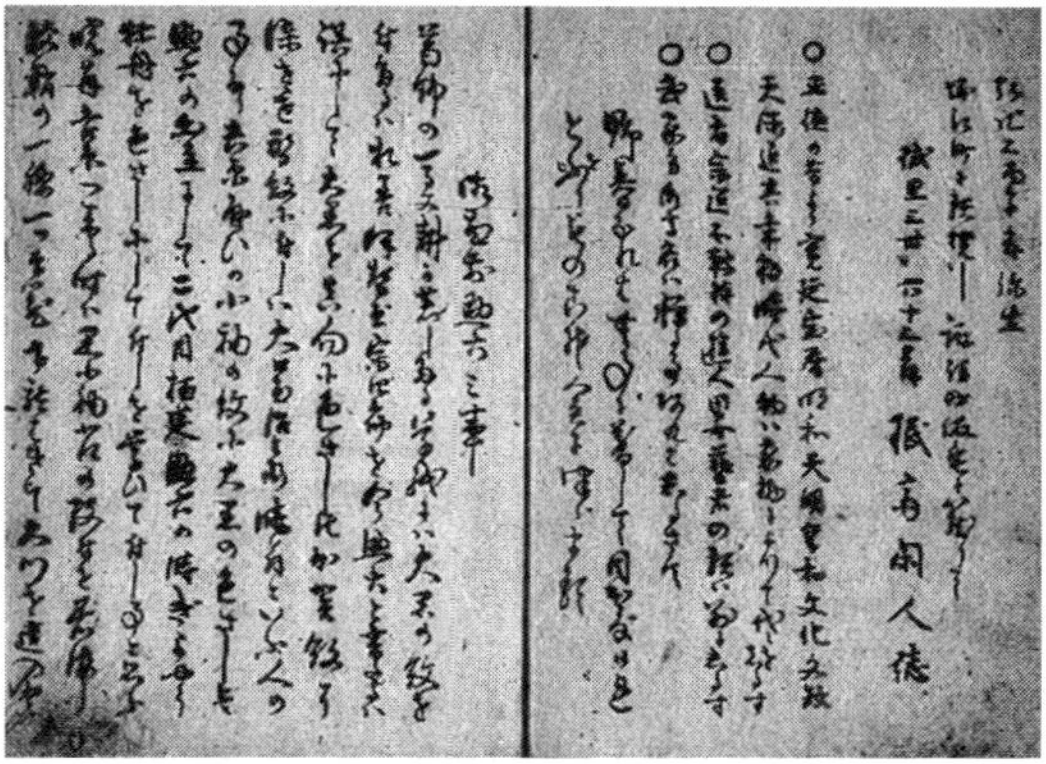

蔵前の札差達の豪快な遊びが書かれている「十八大通」（国立国会図書館蔵）

相場で換金、手数料を引いて屋敷に届ける。

手数料自体は受取代行が米100俵《ぴょう》（35石《こく》）につき金1分《ぶ》、委託販売が同じく金2分と公定されていた。つまり、1石＝1両《りょう》とすれば、34両1分を武家に渡し、合計3分が蔵宿の取り分である。

これだけならたいした稼ぎではないが、勢い、武家は蔵宿から給料を貰っているような錯覚に陥る。たとえば、米価下落で100石の米が90両にしかならなかったとする。

「これは、お困りでしょうなぁ……」

蔵宿はすかさず100両耳を揃えて差し出し、その脇に50両を添える。よせばいいのに、武家は全部一緒に懐に入れてしまう。これで60両の借金。年利は15～20％である。終いには頭を下げて自分から借金を申し込むようになり、幕臣の借金残高総額は120万両――。札差の羽振りは想像を絶する。

米とカネの二重構造が幕府を疲弊させた

〝天下の台所〟と諸藩の財政

8代・吉宗《よしむね》の時代、享保《きょうほう》15（1730）年に設立された「堂島帳合米《どうじまちょうあいまい》（先物）市場《いちば》」が全国の米相場を左右する時代となった。

大坂の米流通の特色は、商人米が少なく、藩米中心だった点である。そのため、堂島の米相場は直接に諸藩の台所事情に影響した。大坂にも江戸と同様、大名《だいみょう》や旗本《はたもと》の「蔵屋《くらや》敷《しき》」が多数あり、そこに保管される蔵物《くらもの》（年貢米や諸産物）を扱う商人は〝蔵元《くらもと》〟と呼ばれた。江戸の〝蔵宿《くらやど》〟と混同しやすいので、ちょっと注意が必要だ。

諸藩の蔵米は堂島米市場で一括売却され、藩への送金や出納事務は〝掛屋《かけや》〟という両替業者が行なう。このシステムが札差と同様の〝大名貸《だいみょうがし》〟を生み、巨額債務がそれぞれの藩財政を後々まで苦しめることとなる。

江戸時代の米価は、米1石《こく》でおよそ金1両《りょう》（銀では60匁《もんめ》）が〝定相場《じょうそうば》〟だが〝米価安《べいかやす》

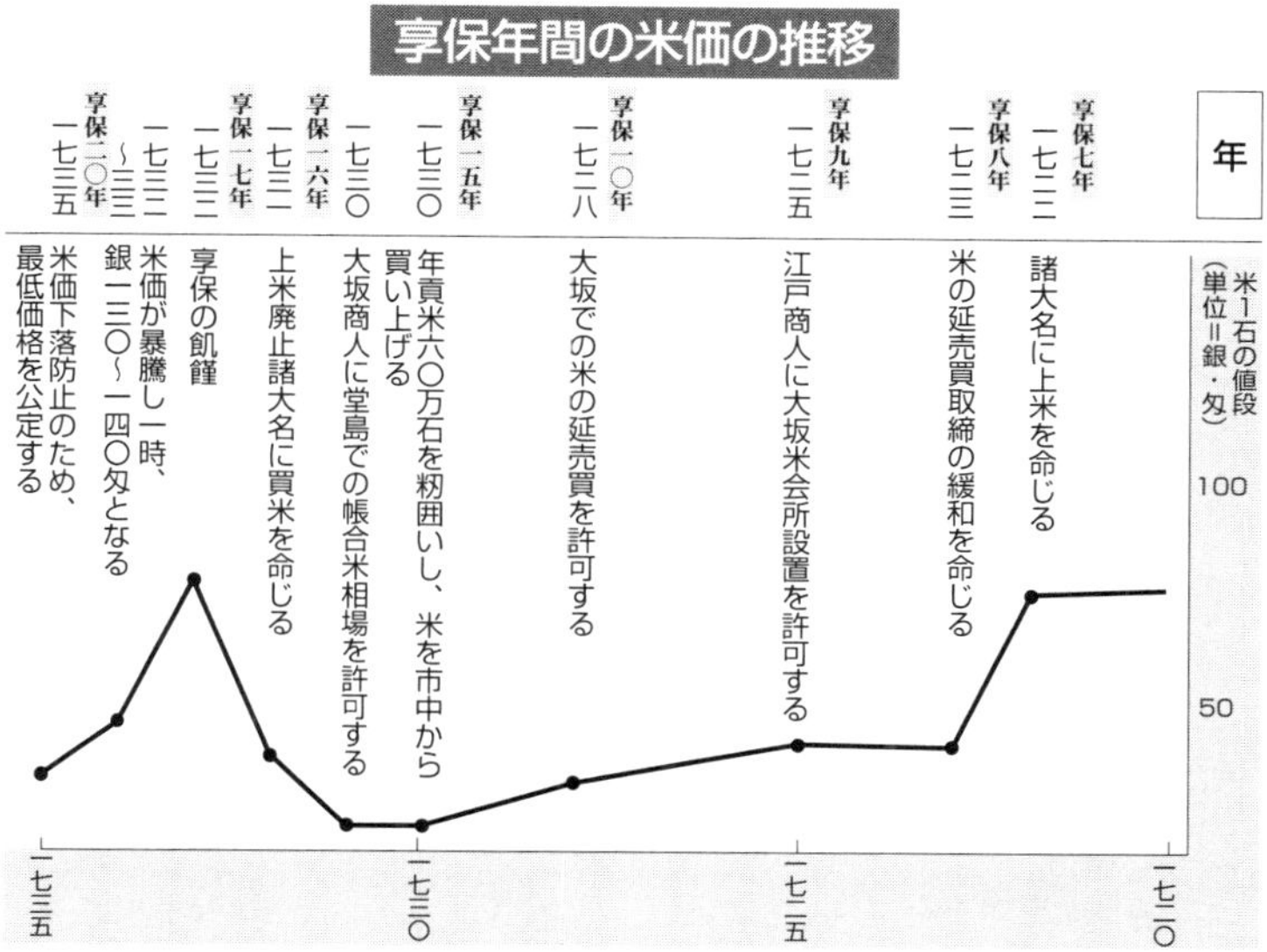

享保年間の米価の推移

米1石の値段（単位＝銀・匁）
享保七年 一七二二 諸大名に上米を命じる
享保八年 一七二三 米の延売買取締の緩和を命じる
享保九年 一七二五 江戸商人に大坂米会所設置を許可する
享保一〇年 一七二八 大坂での米の延売買を許可する
享保一五年 一七三〇 年貢米六〇万石を籾囲いし、米を市中から買い上げる
一七三〇 大坂商人に堂島での帳合米相場を許可する
享保一六年 一七三一 上米廃止諸大名に買米を命じる
享保一七年 一七三二 享保の飢饉
一七三二〜三三 米価が暴騰し一時、銀一三〇〜一四〇匁となる
享保二〇年 一七三五 米価下落防止のため、最低価格を公定する
100
50
一七二〇
一七二五
一七三〇
一七三五

の諸色高《しょしきだか》〟がエスカレートした享保年間には、大坂で取り引きされる代表的な藩米である広島米の価格でさえ、一時は米一石が銀30匁を割り込むという異常事態になってしまった。

「このままでは武士の生活が成り立たない」

泡を食った吉宗は、加賀《かが》藩から借金までして米の買い付けにかかる。その額は江戸で18万両、大坂ではなんと60万両だった。

しかし、翌年は虫害による大飢饉《ききん》の襲来で米価は一転4倍にまで急騰、その翌年は大豊作で再び大暴落した。豊凶に弄《もてあそ》ばれる米相場を前に、さすがの吉宗も無力感に襲われたことだろう。

その後も米相場は変動を続けたが、幕末期になると米価高騰が慢性化した。

米とカネの二重構造経済の崩壊は、そのまま幕藩体制の終焉を意味していた。

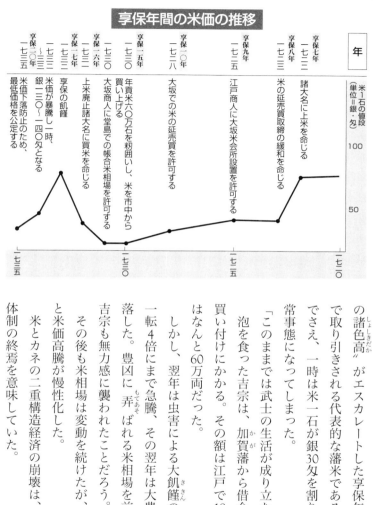

たび重なる通貨制度の変更で儲けた両替商

〃金・銀・銭〃の「三貨制度」

統一通貨が政権を確立する条件であることは家康《いえやす》も十分承知していた。江戸幕府は金《きん》座《ざ》・銀座《ぎんざ》・銭座《ぜにざ》を設置して貨幣の鋳造を独占し、その全国的な流通促進を図った。

まずは基本として、慶長《けいちょう》6（1601）年に制定された家康の通貨制度を見よう。金貨は1両《りょう》＝4分《ぶ》という4進法による計数貨幣《けいすうかへい》で、額面1両の「慶長小判」と額面1分の四角い「慶長一分判」が発行された。別に額面10両で実質価値は7〜8両という面倒な「慶長大判」も鋳造されたが、これは主に幕府や大名の儀礼用だった。

銀貨は秤《はかり》で目方を計る秤量貨幣《ひょうりょうかへい》で、1個の大きさや重さが一定していない。ナマコ状の「丁銀《ちょうぎん》」と粒状の「豆板銀《まめいたぎん》」の2種があり、10進法の重量単位である匁《もんめ》が価値の単位で、50匁（約187・5g）で金1両だ。

銭貨《せんか》は額面1文《もん》の「慶長通宝《けいちょうつうほう》」「元和通宝《げんな》」を鋳造したが、初めのうちは前代までの

主な金・銀の産地

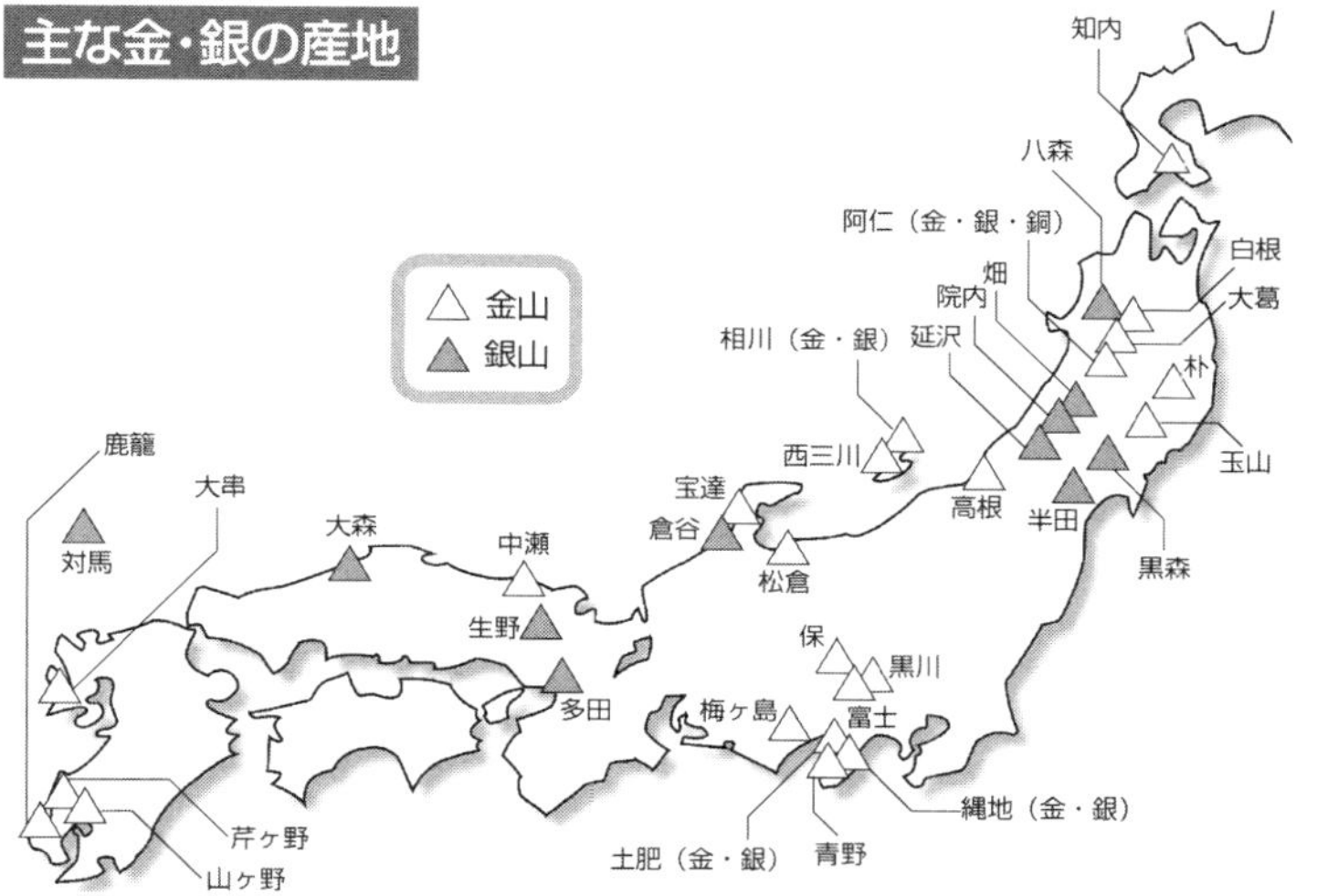

金・銀の採掘量は、幕府の貨幣政策に密接に関係していた

「永楽《えいらく》通宝」や「鐚銭《びたせん》」（粗悪な銭）の混用を認めざるをえなかった。銭＝1文を1千枚で1貫文《かんもん》とし、4貫文（4000文）で金1両。さらに鐚銭は4枚で銭1枚の価値とした。

【金1両＝金4分＝銀50匁＝銭4貫文】

これが有名な「三貨制度」の初期の姿だが、こう見る限りは、銀貨以外はわかりやすい。

さらに寛永《かんえい》13（1636）年から全国10カ所の銭座で「寛永通宝」の大量鋳造が始まると、古い銭が駆逐されてすっきりした。付け加えておけば、金貨は後にさらに細分化されて1分＝4朱《しゅ》とされた。

しかし、この交換レートが崩れると、三貨制度はややこしさの本領を発揮する。財政逼迫が決定的となった元禄《げんろく》8（1696）年、勘定吟味役・荻原重《おぎわらしげ》秀《ひで》は金・銀貨の改鋳に踏み切った。「おカネなんてものは、本当は瓦《かわら》でもいいのだ」――重秀の名ゼリフである。

慶長金貨の金含有率は87％。「元禄小判」と「元禄一分判」のそれは57％。早い話、小判2枚が3枚に化けたのである。銀貨の銀含有率も80％から64％に下げた。この差益分〝出目《でめ》〟がそっくり幕府の懐に入るという計算だ。もっとも、総計数百万両といわれたこの利益も、打ち続く凶作と地震災害のために雲散霧消してしまう。

元禄13年、改めて【金1両＝銀60匁＝銭4貫文】の新レートが公定されると、金貨よりはまだ品質の良い銀貨が高騰した。幕府は新銀貨を濫発し、銀含有量を50↓40↓32％と減らし続けて対応する。

ところがここに登場した新井白石《あらいはくせき》が荻原重秀を失脚させ、金・銀貨の品質を慶長期へと戻したので惨澹《さんさん》たるデフレ現象が起こった。幕府は元文《げんぶん》元（1736）年に再び金・銀貨の品質を落とす。このときは銀貨の質を最初から大幅に下げたので、金貨の価値は相対的に守られたものの、猛烈な銭貨不足と物価騰貴を招いてしまった。

こうなると通貨レートの混乱は止まらない。金1両が銀50匁〜80匁もの幅で上下し、銭も4貫文〜7貫文と大きく変動した。これを追い風としたのが両替商で、彼らは貨幣の額面と時価の差額を懐に入れて肥え太った。

資本を蓄えた両替商は、預金、大口の貸付、藩財政管理、為替手形の発行など、現在の

江戸時代の金・銀・銭を現代の円に換算すると

金貨（1両＝4分＝16朱＝4000文）　→　**1両＝10万円**

銀貨（秤量貨幣。銀60匁＝1両）　→　**60匁＝10万円**

銭貨（4000文（4寛文）＝1両）　→　**1文＝25円**

江戸時代の貨幣を単純に現代の円に概算すると上のとおり。しかし、世の中の仕組みやサービスの質もまったく異なるため、単純に置き換えることは難しい

【生活必需品に換算すると】

・米一升（150文）＝3750円
・酒一升（200文）＝5000円
・醤油一升（150文）＝3750円
・かけ蕎麦（16文）＝400円
・てんぷら蕎麦（32文）＝800円
・銭湯料金（8文）＝200円
・床屋料金（32文）＝800円
・家賃（裏長屋・600文）＝15,000円

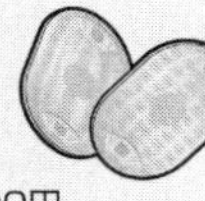

目安として、現代との暮らしに共通する物価に置き換えると、わかりやすい。お米一升とは約1.5kg。一概に現代と比較はできないが、食べ物が高く、家賃は安い

銀行同様の業務を行なうまでに成長していく。

さて、明和《めいわ》年間（１７６４〜72年）に田沼意次《たぬまおきつぐ》が行なった改鋳は画期的だった。12枚＝金１両の「明和五匁銀」で、とうとう銀貨の計数貨幣化を実現してしまったのである。

「金だろうが銀だろうが、幕府が認めれば価値は同じなのだ」

意次がそう言ったかどうかは知らないが、さすが経済通である。

続く「明和南鐐《なんりょう》二朱銀」には上質の銀を用いたことを理由に〝８枚で金１両〟、つまり、金２朱と同じ価値だと堂々と明記されていた。

計数貨幣化は銀貨に実質以上の名目的価値を与えることでもある。天保《てんぽう》８（１８３７）年発行の「天保一分銀」は角形の小型銀貨なのに４枚で小判１枚の価値とされた。

時代を先取りした上方商人の江戸支店

揃っていた〝商売繁盛の3条件〟

「江戸店《えどだな》」とは上方《かみがた》商人による江戸支店の総称である。

京都・伊勢《いせ》・近江《おうみ》などの資本が、商品移入に依存する大消費都市に続々と進出した。国元《くにもと》の優位な商品生産力、そこに本拠を置く強力な仕入体制、目の前の膨大な消費需要。これで商売が繁昌しなければウソだ。

伊勢松坂《まつざか》出身の起業家・三井高利《みついたかとし》は、延宝《えんぽう》元（1673）年に52歳で念願の江戸店「越《えち》後屋呉服店《ごやごふくてん》」を日本橋本町《にほんばしほんちょう》に開店した。同時に仕入部門としての京都支店を開いたのは、彼の戦略的経営ビジョンによる。

従来の呉服商は、得意先を廻る〝屋敷売《やしきうり》〟が中心で顧客の大半が武家だった。代金回収は旗本《はたもと》らの切米《きりまい》受取りの時期に合わせた〝節季払《せっきばらい》〟の掛売《かけうり》で、支払日までの利息分や帳簿管理などの経費を上乗せするので、どうしても商品単価が高くなる。

江戸で成功した上方商法

（越後屋の場合）

店前売　（店での販売）

これまでの呉服商は、得意先回り

現金安売掛値なし

現金払いなので、掛値は上乗せしない。つまり安くなる

背景

- 町方の財力が上がり、江戸が大消費地になった
- 本拠地は京都や伊勢なので、商品の生産力と仕入体制は万全であった

当時の江戸では町方《まちかた》人口が増え、新興町人たちが財を蓄えつつあった。「少し贅沢《ぜいたく》もしたいが、お殿様並の値段では」という潜在的ニーズを見逃さず、高利は〝店前売《たなさきうり》〟〝現金安売掛値なし〟の直売方式を打ち出す。京都支店の存在が大量仕入と薄利多売を可能にした。

〝安い〟がうれしいのは武家とて同じで、御用商人の半値近いと聞いた越前松平家《えちぜんまつだいらけ》などはさっそくに乗り替えた。

こうして新商法は大ヒットし、開店後10年で「越後屋」は駿河町《するがちょう》（中央区）へ移転、業容を拡大して両替業にも進出した。宣伝チラシを配って話題をまいたのはこの時のことだ。

その後、三井家は資本と人事の本社機能を「大元《おおもと》方《かた》」に集中し、支店網の経費を一括支出して利益を再配分するシステムを確立した。

大火事とバブル経済が生んだ2人のお大尽材木商

材木の価値が黄金の2倍？

江戸の材木商は、隅田川《すみだがわ》を挟んで日本橋一帯の対岸にあたる深川《ふかがわ》（江東区）の木場《きば》を拠点としていた。

市街を焼き尽くした明暦の大火の復興景気に続き、5代将軍・綱吉《つなよし》による財政無視の寺社修築が、奈良屋茂左衛門《ならやもざえもん》、紀伊國屋文左衛門《きのくにやぶんざえもん》という2人のビッグネームを登場させた。

江戸生まれの〝奈良茂《ならも》〟は、貧しい車力《しゃりき》（材木運搬人）の子だった。しかし、天和《てんわ》3（1683）年に日光東照宮《とうしょうぐう》大修築の資材を独占受注し巨利を得る。

〝紀文《きぶん》〟の場合、元禄《げんろく》11（1698）年の上野寛永寺根本中堂《こんぽんちゅうどう》の造営が飛躍へのステップボードだった。

材木商は、受注規模に応じて〝立物《たてもの》〟なる賄賂《わいろ》を工事責任者に納め、さらに工事完了後に追加する賄賂〝礼物《れいもの》〟の額を提示した。これの多い者がめでたく落札と相成るのだが、

上野寛永寺・根本中堂

上野寛永寺・根本中堂の造営で用材調達を請け負った木材商・紀伊國屋文左衛門が大儲けした

財力を得た者は、最初から幕府高官との癒着を図る。時の有力者は、側用人・柳沢吉保《やなぎさわよしやす》、老中・阿部正武《あべまさたけ》、勘定奉行・荻原重秀《おぎわらしげひで》である。

3度まで吉原《よしわら》を借り切った〝紀文〟の大尽《だいじん》遊びも、じつは幕閣接待のためではなかったかと思われるフシがある。幕閣と親密な関係構築のためには、現ナマ攻勢だけではなく、直接交渉も重要な意味を持ったはずだ。

しかし、同様にカネをばらまいて仕事を取った〝奈良茂〟は、死の床で「御用向きの商売はダメだ。必ず破綻する……」と言い残したそうだ。全盛期40万両《りょう》といわれた財産は、13万両余りに目減りしていた。

〝紀文〟もやがて商売を捨て隠棲《いんせい》した。かつての金の利息として、年に金50両・米50俵だけが老中・阿部の藩邸から出ていたという。

江戸前と浅草海苔——魚介類の流通ルート

千両単位のカネが動いた魚河岸

〝江戸前《えどまえ》〟の意味は文字通りであり、目の前の海で獲れた海産物をさす。江戸湾内奥部の波静かな海域は、かつて魚介類の宝庫だったのだ。食料品の多くを移入に頼る江戸市民も魚だけは別で、新鮮で旨いものが味わえた。

江戸湾には、幕府が「御菜浦《みさいうら》」に指定した旧来からの漁業集落と、幕府が上方《かみがた》から移住させた漁民たちによる佃島《つくだじま》（中央区）や深川《ふかがわ》猟師町《りょうしまち》（江東区）など多くの漁業基地があった。各浦は、江戸城に日々献上する〝御菜魚《みさいうお》〟以外の貢租を免除され、保護されていた。

後に現物上納制は廃され、金納制となったが、漁民たちは漁業特権確保のため、文化《ぶんか》7（1810）年からは各魚介の初物《はつもの》である〝魚初穂《うおはつほ》〟を献上して名目を保った。

公許《こうきょ》の魚市場《うおいちば》は日本橋（中央区）の本小田原町《ほんおだわらちょう》・本船町《ほんふねちょう》にあり、漁民出身者が次第に有力な魚問屋へと発展していった。

日本橋魚市場の賑わいの図（「江戸名所図会」を元に作成）

江戸で1日に1千両《りょう》単位のカネが動く場所は、吉原《よしわら》、芝居町《しばいまち》、魚市場といわれた。魚河岸《うおがし》の旦那衆が札差《ふださし》らと並ぶ江戸歌舞伎の後援者だったことはあまり知られていないが、江戸では商品の種類を問わず流通を握れば大きな富を築くことができた。

もう一つ江戸の名物とされた海産物が浅草海苔《あさくさのり》だ。名称の起源に定説はないが、初めは少量の天然ものを、漁民が浅草寺《せんそうじ》門前などの繁華街で直売していたのだろう。後に大森《おおもり》（大田区）などで本格的な養殖が始まったが、浅草海苔のブランド名は残った。

紙を漉《す》く技術を応用した加工技術も江戸で生まれたもので、庶民の口に入るものは1尺《しゃく》（約30センチ）四方1帖《じょう》10枚が64〜100文《もん》ほど。将軍に献上する「御膳海苔《ごぜんのり》」と同じ最高級の品は10枚で金1分《ぶ》だった。庶民食の蕎麦《そば》も、海苔をふりかけただけで5割増から倍ほどの値段になったそうだ。

種類豊富な青果の流通と意外な場所の家庭菜園

〝幕府御用〟に〝商品隠し〟で対抗

江戸の青物市場は、神田《かんだ》（千代田区）を中心に、駒込《こまごめ》（文京区）、千住《せんじゅ》（足立区）周辺などにあった。

市場では、問屋―仲買―小売商という流通システムが確立していたが、小売商から買うのは主に庶民で、料理茶屋《りょうりぢゃや》、豪商などは業務用の高級品を仲買に納入させたり、初物《はつもの》を生産者から直接取り寄せたりもしていたようだ。

『本朝食鑑《ほんちょうしょくかん》』などを見ると、江戸時代に流通していた野菜は（外来種を除いて）現在とほぼ変わらないほど種類豊富である。

ただし、ハウス栽培などはないし、長距離輸送もできないから、出回るのは旬の時期に限られる。江戸周辺の生産地から舟で運ばれ、庶民の食卓に日常的に上った品目は、ダイコン、ニンジン、小松菜、ネギ、ゴボウ、レンコン、クワイ、サトイモといった辺りだろ

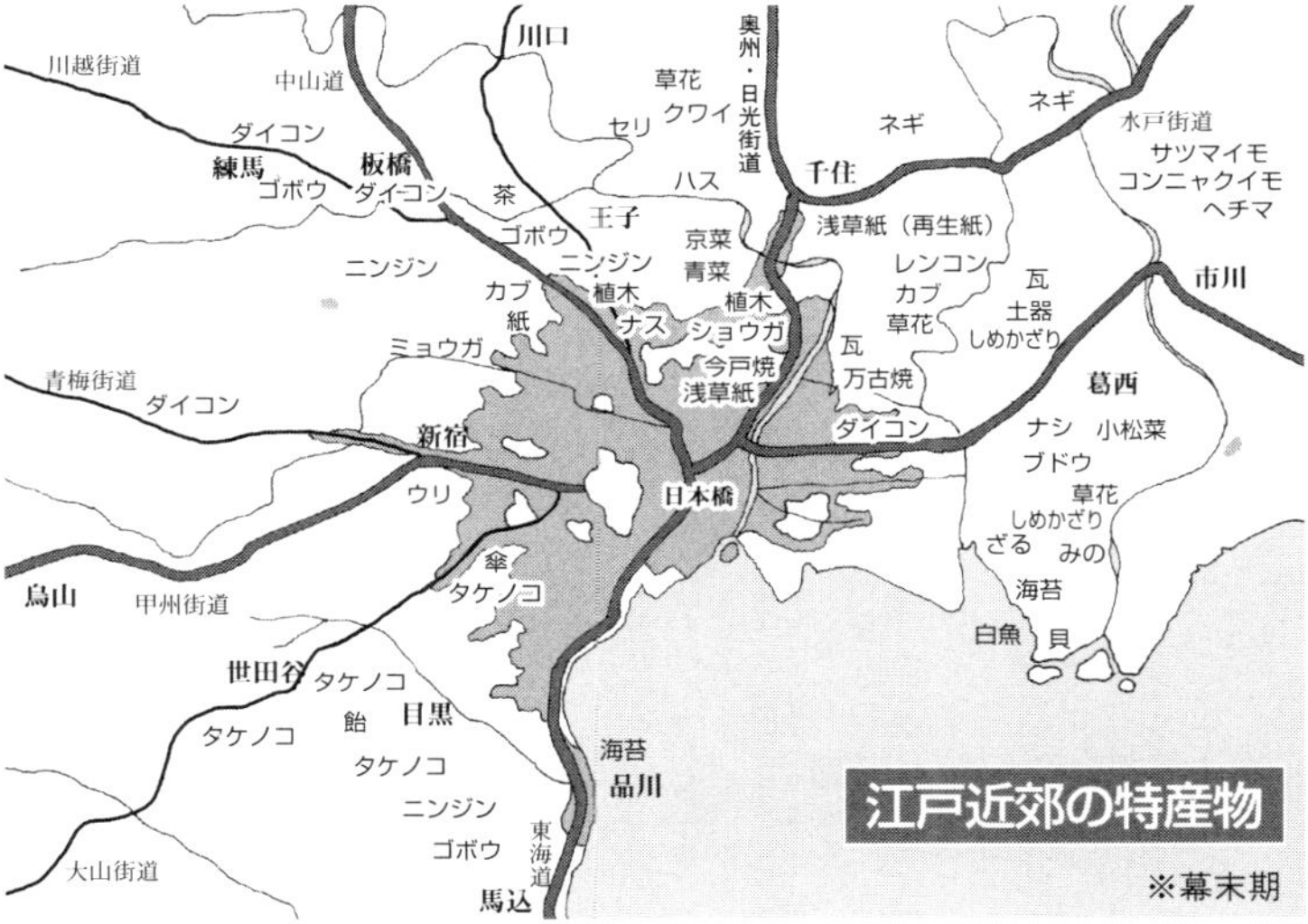

うか。

後には甘藷《かんしょ》（サツマイモ）が加わる。葛西《かさい》の小松菜や練馬《ねりま》ダイコン、目黒《めぐろ》のタケノコなどは江戸で生まれた特産品だった。

江戸では、ほかにも意外な場所で野菜がつくられていた。大名《だいみょう》家の下屋敷《しもやしき》である。下屋敷というのは別荘地や避難所といった用途のために幕府から与えられた広大な土地で、その中には〝抱屋敷《かかえやしき》〟と呼ばれる農地も含まれており〝抱百姓《かかえびゃくしょう》〟たちが生活していた。

大名家は市中の屋敷で〝生産〟された下肥《しもごえ》を郊外の下屋敷に運び、野菜類を栽培させて家臣らの自給に供していたのだ。

幕臣の場合、抱屋敷を持つような大身《たいしん》は別として、貧乏な旗本・御家人が市中の住居の庭で野菜づくりをしているケースもあったという。

「下らねぇ」が築き上げた江戸の地廻経済圏

〝下り物〟高値の理由は輸送コスト

享保《きょうほう》の改革時に実施された調査によると、上方《かみがた》からの下り物依存の割合が高かったのは醤油《しょうゆ》と水油《みずあぶら》（灯油）で、ほかに、酒、酢、塩、木綿《もめん》、絹織物などが海路送られてきた。もちろん、輸送コストは価格に直接はね返る。にもかかわらず、わずかに出回る近郊の産品を「下らねぇ」と軽視し、よその5倍もの物価高に耐えていたのだから、江戸っ子の気前の良さは相当なものだ。

しかし、江戸中期以降になると、関東諸国における消費物資の生産技術が飛躍的に向上した。また、関東諸河川の水運網も整備され、江戸の需要に応える良質な商品が安価に流通し始めた。これらを〝地廻物《じまわりもの》〟というが、ここに至ってようやく下り物に対抗し得る独自の経済圏が形成されてきた。

木綿製品で「真岡《もおか》晒《さらし》木綿《もめん》」（栃木県）、「岩槻《いわつき》木綿《もめん》」（埼玉県）などのブランドが確立した

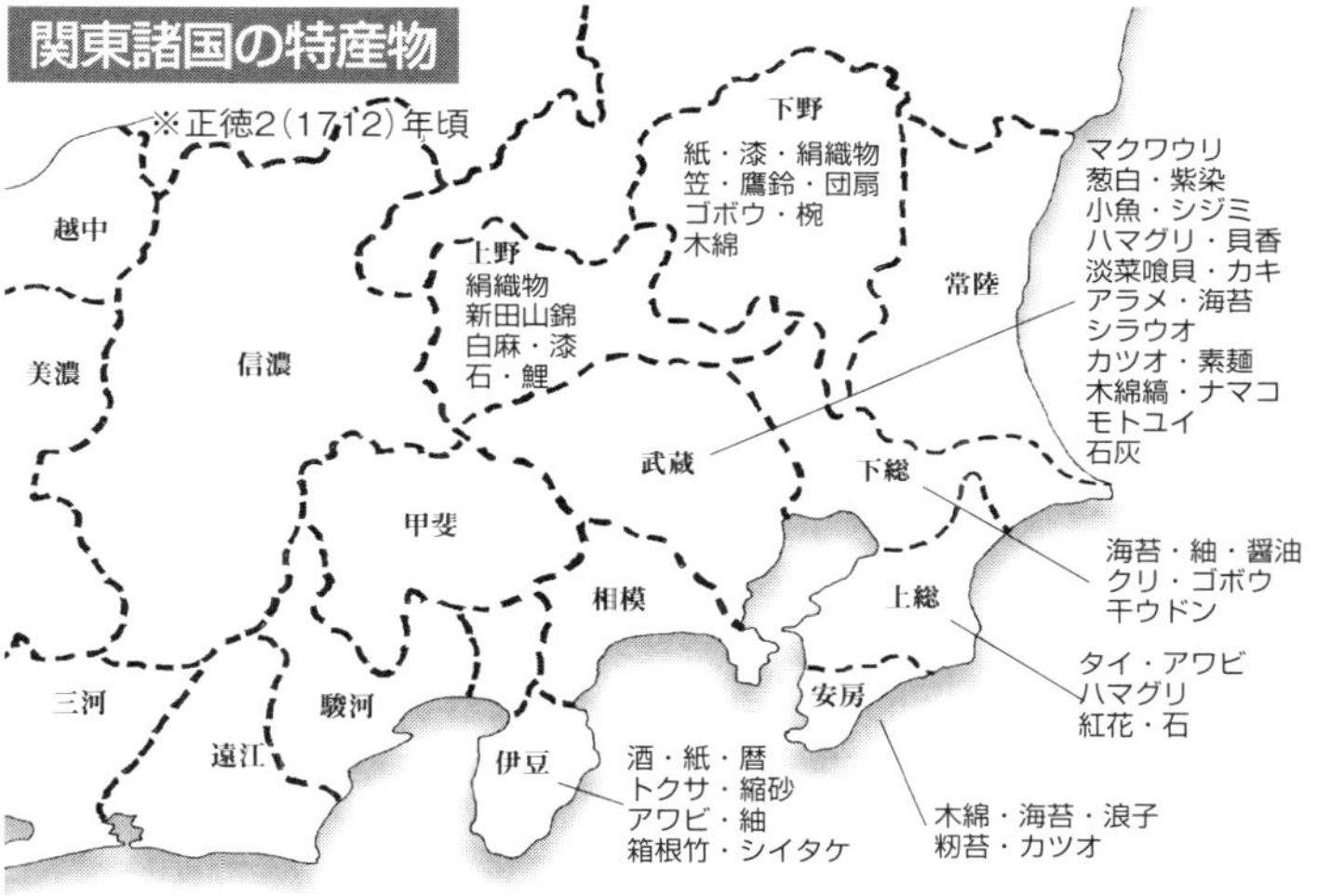

ほか、菜種や綿実《めんじつ》を絞って生産する水油も地廻物がシェアを増していった。

また、京都西陣《にしじん》の大火後、他国へ流出した技術者の指導を受け、桐生《きりゅう》（群馬県）などの絹織物も急成長した。画期的だったのは醤油で、高級な赤穂塩《あこうえん》と地元産大豆を原料にした野田《のだ》（千葉県）などの製品が江戸っ子の口に合い、下り物のシェアをたった6%に追い落とした。

寛政の改革を推進した老中・松平定信《まつだいらさだのぶ》は江戸地《えどじ》廻《まわり》経済圏を重視し、地廻経済の発展と共に成長した江戸の豪商10名を勘定所御用達《かんじょうしょごようたし》に任命して経済政策を担当させ、地場産業の育成に努めた。その一環として行なわれたのが上質な清酒の試造だ。

下り物の代表〝灘《なだ》の生一本《きいっぽん》〟に対抗させようとしたのだが、残念ながらうまくいかず、下り酒はシェア9割を下回らなかった。

貧しくはなかった江戸近郊の農民の生活

農民の〝休日〟は年間60日

江戸時代、全人口の80％を占めた農民の暮らしは、現代人が想像する以上に豊かで、文化的なものだった。

土地を所有する本百姓《びゃくしょう》たちは身分相応の住居に住み、使用人を指図して農作業に従事した。村ごとに農作業の区切りや祭礼日などを休日として定め、正月、田植後の田休みと秋の収穫祭、寺社祭礼、節句といった季節行事を合わせて年間60日前後は休養した。

衣服は春・秋が裏のある袷《あわせ》、夏は単《ひとえ》、冬は綿入《わたいれ》で、初期には麻《あさ》が多かったが、後には木綿《もめん》素材が普及した。作業時は、男は腰までの上衣に股引《ももひき》、女は膝丈の上衣《うわぎ》に腰巻姿である。日差しや埃《ほこり》除けに作業時には手拭いの被《かぶ》り物が欠かせなかった。男は〝ほっ被り〟、女は〝姉さん被り〟。手は前掛けで拭《ふ》く。繁忙期には家の中でも野良着《のらぎ》（仕事着）で通した。

食事は朝夕2食が基本ながら〝小昼《こびる》〟の団子《だんご》を食べたり、夜食もとった。普段の食卓に

江戸時代の農村

稲刈りの効率を向上させた千把扱き

17世紀に建てられた農家の住宅（民家）。現在も秋田県由利本荘市に残り、国の重要文化財に指定されている

は、粟《あわ》・稗《ひえ》・黍《きび》・大豆などの雑穀と野菜、漬物と味噌汁が並んだ。ただし、米をまったく食べなかったわけではなく、節約しながら菜飯《なめし》や〝ゾウスイ〟という粥《かゆ》を食べた。ちなみに〝雑炊〟ではなく〝増水〟と表記する。

江戸の庶民が、白米を食べ、清酒を呑《の》んでいたのは、彼らが生産者でなく消費者だからで、貧富の差とは余り関係がない。農民でも時々は魚を買い、濁《どぶ》酒《ろく》を呑むこともあった。

住居は間口10間《けん》、奥行6間（およそ60坪見当）の茅葺《かやぶ》き。納戸が寝室、囲炉裏をしつらえた勝手がLD、土間には竈《いろり》があって雨の日や農閑期の手仕事を行なった。ほかに畳敷の応接間がある。

格の高い農民の家だと、寄合に場所を提供したり、代官手代などを迎えるため、特別な座敷も備えていた。

村方三役が担った農村での年貢収納

農村の〝名主〟は公選制

江戸時代初期には、中世以来の農村のあり方として領主―（代官）―世襲名主《なぬし》―名子《なご》という旧制がいまだに残っていたが、寛文《かんぶん》～正徳《しょうとく》年間（1660～1716）にはこれが一掃された。代わって登場したのが名主《なぬし》・組頭《くみがしら》・百姓代《ひゃくしょうだい》の「村方三役《むらかたさんやく》」だった。

もちろん、江戸町政に見られる町年寄・名主・地主のように、幕府の末端機関として法令伝達や年貢配分の役割は担っていたが、村政は村構成員の多数意見で動き、名主は一定の任期のもとに持ち回りで選出されて村人から報酬を受けていた。したがって、江戸時代後期～幕末に頻発した一揆《いっき》の主導者が、多く名主であったのも頷ける話なのである。

秋の土用が過ぎると稲刈が始まる。10月上旬から稲の脱穀・調製作業。〝千把扱《せんばこ》き〟の登場後は効率が飛躍的にアップした。年貢《ねんぐ》米納入は11月に行なわれ、村役人が量目や品質を検査する。

村の統治制度

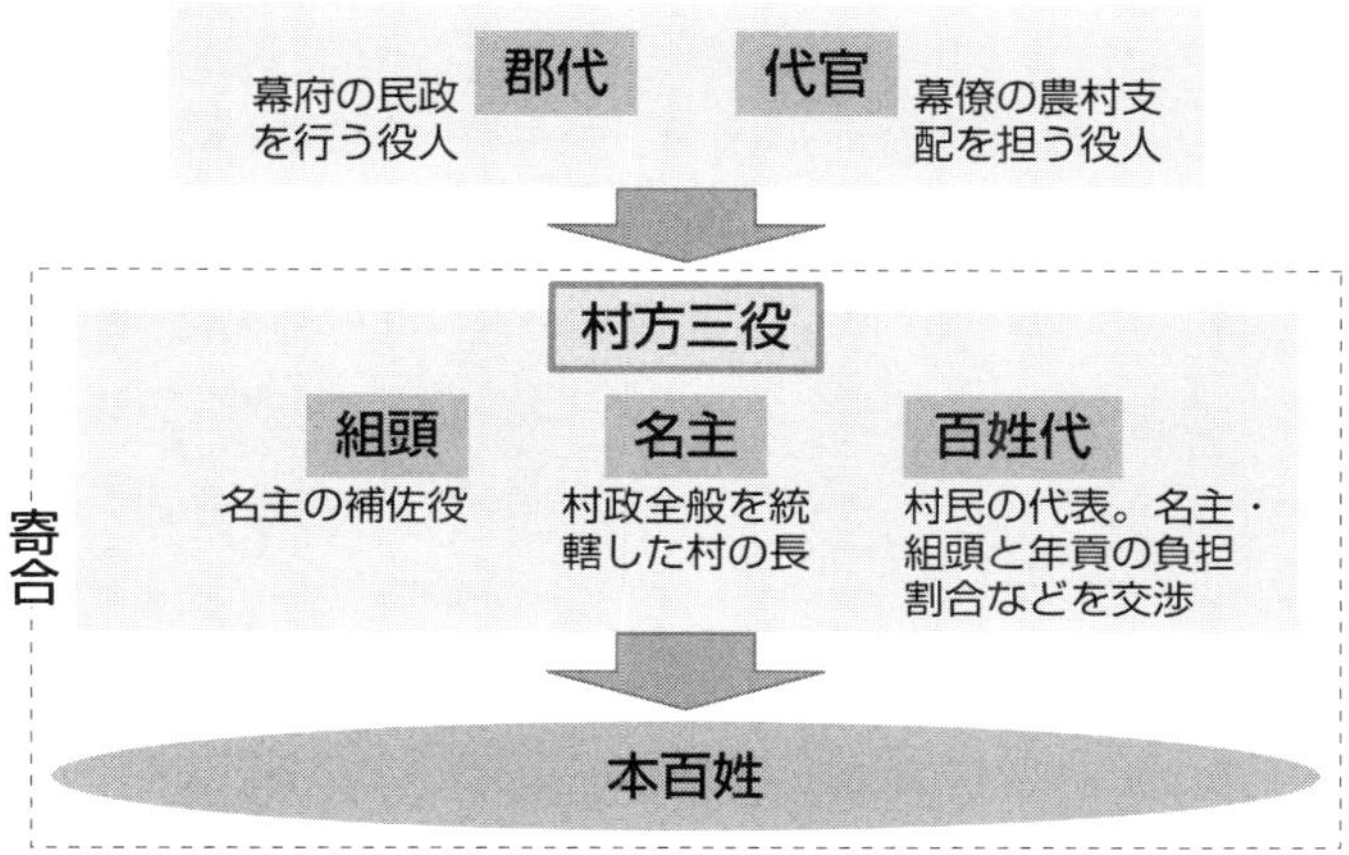

問題はこの年貢だが、代官支配の幕領では江戸後期に表高《おもてだか》の3割程度の収納率に落ち込む。江戸近郊に2町歩の田畑を所有する農民は表高30石《こく》程度とされていたから、定免法《じょうめんほう》なら年貢は10石となる。

実高は、米・雑穀・商品作物をすべて穀勘定に直して約45〜50石前後。差し引き35〜40石が農家の額面収入だ。種籾《たねもみ》や農具などの経費が7〜8割だが、農閑期の副業収入もある。

野菜や菜種《なたね》・煙草などの商品作物の栽培が盛んになって以降は、借金だらけの下級武士より一部の農民のほうが豊かというケースもかなりあったのではないか。

ただ、これは富裕な土地持ち農家の例だ。土地売買が半ば公然化すると、土地を手放す者も多く、貧富の差が拡大した。土地を失った農民は、江戸へと流入していったのである。

江戸庶民の代表・職人たちの生活事情

「九尺二間」の〝裏店借〟

江戸で〝町人《ちょうにん》〟といえば土地持ちの地主層で、庶民は正確には〝町人〟ではなかった。江戸庶民を代表する職人たちの多くは〝店借《だながり》〟と呼ばれる借家人で、所得税も住民税も払わなかったから〝町人〟ではないのである。彼らは「九尺二間《くしゃくにけん》」と呼ばれる長屋に住んでいた。間口約2・7m×奥行約3・6m＝9・9・（3坪）標準の一間《ひとま》だが、土間と竈《かまど》があって実際の居住スペースは四畳半程度。布団は畳《たた》んで隅に置き、衝立で隠すのが普通だった。

職人には大工や左官などの「出職《でしょく》」と日用品や工芸品製作の「居職《いしょく》」があり、その暮らしぶりには違いがある。

たとえば、前者の妻は今でいう専業主婦で時にパートで奉公に出たりしたのに対し、後者の妻は夫の仕事を分業する専従者であるケースが多かった。

江戸の職人

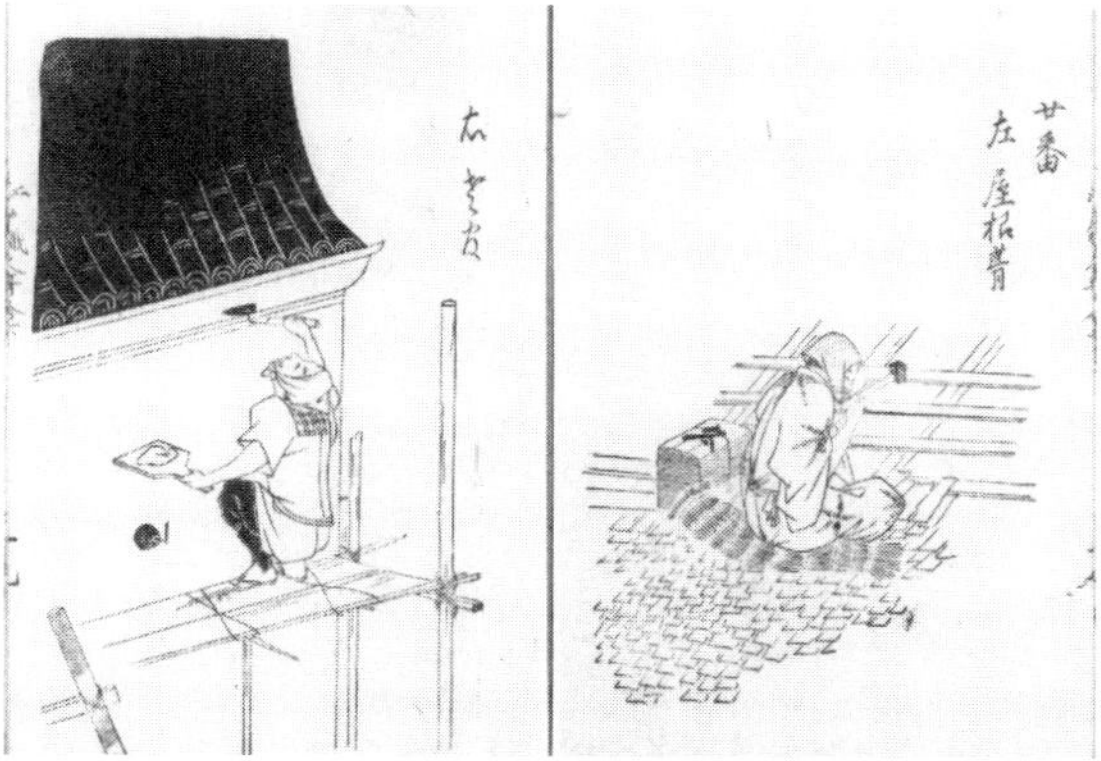

「江戸職人歌合・下」（石原正明著）より、左官屋（左）と屋根噴職人（右）（国立国会図書館像）

『文政年間漫録《ぶんせいねんかんまんろく》』から、ある所帯持ち大工の家計簿を再現してみよう。

妻1人子1人。手間賃収入は1日銀4匁《もんめ》2分《ぶ》。飯料《はんりょう》1匁2分が別途支給されるが、これは本人の弁当代・酒代・湯銭で消えたろうから初めに除外する。大工も年間およそ60日ほどは休んだので、年収は銀1貫《かん》234匁8分となる。銀60匁＝金1両の換算で約20両と2分は205万円。

支出の部は、店賃《たなちん》120匁＝20万円、飯米354匁＝59万円、塩・味噌《みそ》・醤油《しょうゆ》や灯油・薪《しん》炭《たん》などの生活必需品に700匁＝117万円、家族全員の衣服代で120匁＝20万円、道具や家具に120匁＝20万円、祭礼や仏事および交際費に100匁＝17万円――合計1貫514匁＝253万円。

50万円近い大赤字である。

江戸庶民の生活と行商人の世界

振売の声で目覚める江戸暮らし

職人や師匠のように特別な技術がなくとも、行商人なら誰でも開業できた。〝振売《ふりうり》〟〝棒《ぼ》手振《てふり》〟などと呼ばれる行商人が商《あきな》う品物はせいぜい2〜3種類で、野菜の場合は単品だけというのも多かった。最末端の流通・消費生活をお互いさまの精神で支え合う共同体が江戸の町地には成立していたのだ。

長屋がひしめく町地の朝は納豆売りやアサリ売りの声で明け、夜更《ふ》けの夜泣き蕎麦《そば》屋まで、回ってくる頃合いがおよそ一定していたので、〝歩くコンビニ〟――行商人の売り声は長屋の住人の時計替《がわ》りでもあった。

『文政年間漫録《ぶんせいねんかんまんろく》』には、青物（野菜）を扱う棒手振の生活が詳しく描かれている。夜明けと共に菜籠《なかご》をかついで市場へ向かい、用意の銭６００〜７００文《もん》（約1万7０００円）で商品を仕入れ、カブ、ダイコン、レンコン、イモなどを日没まで売り歩いたというから、

上：七味唐辛子売り　右：冷水売り

かなりの品揃えを誇る。

売上げは１２００～１３００文（３万円～３万３０００円）。長屋に帰って日割りの店賃と翌日の仕入分を引き、妻に米代２００文を渡す。「味噌《みそ》も醤油《しょうゆ》もない」というので50文追加。菜籠に売れ残った野菜は明日の朝食になる。子供に菓子代12～13文を渡せば、残りは銭１００～２００文。呑んじまおうか。それとも雨の日の備えにしようか……。

勤労日数を前項の大工と同じとすれば、この棒手振の年収はおよそ29両＝２９０万円となる。ただし、身一つで稼げる大工と違い、最低限の元手は残す必要があるし、売上収入の波もある。子供が２人いて自分の昼食代も小遣いも全部込みだから支出も増える。

生活水準はどちらも五十歩百歩だったろう。だが、彼らの表情は決して暗くはなかったはずだ。

熾烈なサバイバルゲームの舞台となった商家の「江戸店」

江戸の町政を担った「江戸店」

前述したように、長屋の住人は〝町人《ちょうにん》〟ではなかったわけだが、では誰が〝町人〟だったのかというと、主に表通りに店を構える商家がそれに当たった。商家の経営者は地主であって家持《いえもち》だ。所有地の間口に応じて町入用《ちょうにゅうよう》という費用を負担して町の運営にあたる有力者だけが〝町人〟だったのである。

いわゆる〝大家さん〟は家守《やもり》とも呼ばれ、地主から委任され、家屋敷の管理・維持や地代・店賃《たなちん》徴収の責任を負う者である。ほかに表に面した土地を借り、自分で店舗を建築して営業する小規模な商家・地借店持《ぢがりたなもち》もいたが、これらも厳密に言えば町人ではなかった。

こうした商家の中でも上方《かみがた》商人による「江戸店《えどだな》」は資本・規模も大きかったので、各町の運営において重要な存在だった。江戸店の場合、経営者である主人は国許《くにもと》にいるから、支配人などが代理として町運営の役目や店子《たなこ》の生活保障といった義務を負ったわけである。

丁稚・手代・番頭

丁稚

11～12歳で上方の本店で採用され、江戸に下る。入社５年ほどで「若衆」となる。上役から「こども一し」と呼ばれると「へ一い」と返事をする。給料は無給だが、衣・食・住は保証され、休日などの外出には小遣いが支給される

手代

入社９年目で初昇り（里帰り）が許され、さらには親元へも金一封が出て、１カ月間を親元で過ごした。さらに「小頭」「年寄」と昇進していく。給料は無給だが、衣・食・住は保証され、休日などの外出には小遣いが支給される

番頭

最低でも入社30年以上でようやく番頭になれる。この番頭の中から特に優れたものが支配人となって江戸店の全責任を負うが、その支配人になれる率はわずか。また、暖簾分けによって、独立開業をするものもいた

江戸店の運営は子供時代から奉公した支配人、つまり〝番頭さん〟が取りしきっていた。江戸店の長がなぜ「番頭」と呼ばれるようになったのかというと、すぐ手代や丁稚《でっち》をぶんなぐる姿が中世の武士の大番役のように専制的だったからだという。

商家のキャリアステップは2通りあって、一つは江戸支店の支配人を目指す番頭コース、もう一つは〝暖簾《のれん》分け〟をしてもらって自分の店を持つ独立開業コースだ。これらは〝店表《たなおもて》〟勤務と呼ばれ、振り出しは、どちらも「丁稚《でっち》」である。このほかに炊事・洗濯など下働きをする〝台所〟勤務もあるが、これは基本的に出世とは無縁だった。

社員総数三〇〇人以上を数えた三井家の「越後屋《えちごや》呉服店《ごふくてん》」では、〝店表〟と〝台所〟に分けた採用が行なわれていたようだ。ちなみにすべての「江戸店」は、女性が1人もいない男の世界であった。結

婚するまでは、全員が社屋に住み込んでいた。

現実に妻帯できる条件が整うのは45〜50歳くらいで、退職するまで独身というケースのほうが多かった。

20段階ものキャリアステップ

〝こども〟と通称された丁稚は「越後屋」のライバルである「白木屋《しろきや》」の場合、11〜12歳頃に京都本店で採用されて江戸へ下った。入社5年ほどで元服して「若衆《わかしゅう》」となり、入社9年目で「初登り《はつのぼ》」（里帰り）をすませて「手代《てだい》」、以後は成績によって「小頭《こがしら》」「年寄《としより》」などの役を勤め、最低でも入社30年以上を経て支配役＝番頭になるというシステムである。

「越後屋」はもっと細かく、全部で20もの段階がある。ヒラの「手代」になるまでに6年、管理職といえる「名目役手代」になるまで15年、ゴールの「大元〆《おおもとじめ》」＝番頭になれたときには60歳を優に超えているという長距離レースだった。

店ごとに規律があり、ライバル同士を競わせる褒賞《ほうしょう》制度があったのは現代と同じである。商いの心得、礼儀作法などが厳しく仕込まれ、番頭が手代を殴り、手代が丁稚を殴るといった光景は日常茶飯事だったろう。

我々が抱くイメージとは裏腹に、江戸の商家は思いっきり〝体育会系〟だったのだ。

年功序列に支配された日常生活

食事は、大体が3食とも飯と味噌汁、お菜《さい》が1品つくかどうかという質素なもの。当時の都会には白米ばかり食べるせいで脚気《かっけ》に罹《かか》る者が多かったが、商家の食卓はその典型例だった。

当時は原因不明だったので〝江戸《えど》患《わずらい》〟〝大坂腫《おおさかばれ》〟などと呼ばれ、これで多くの丁稚どんたちがリタイアして帰郷した。

ツケ商売を続けていたため外出の機会が多かった「白木屋」社員はこっそり鮨《すし》や団子や蕎麦《そば》などを買い食いしたようだが、〝現金掛値なし〟の「越後屋」社員はキツかったろう。

衣類について「白木屋」の例を見よう。そこでは衣類定法が厳格に定められ、入社8年目までは〝木綿格〟で、小袖《こそで》・単物《ひとえ》・袷《あわせ》・帯《おび》などの「御仕着施《おしきせ》」はすべて木綿《もめん》である。9年目には〝青梅《おうめ》格〟、12年目〝太織《ふとおり》格〟、15年目〝紬《つむぎ》格〟、18年目〝絹格〟と、年功序列による素材の格付けがあった。

一心不乱に働いて学び〝番頭コース〟を極めるにしても、会社の規定に沿って資金を蓄積し〝独立コース〟を選ぶにしても、ゴールにたどりつくのは１００〜２００人のうち1人か2人。

「江戸店」とは、武家社会以上に凄まじいサバイバルゲームの舞台だった。

大消費地・江戸と物流拠点・大坂の徹底比較

人口構成の違いが気質に影響

大坂は最盛期で人口およそ42万人だが、武士は大坂詰の幕臣と蔵屋敷詰《くらやしきづめ》の諸藩士合わせて2千人程度だったといわれる。住民の2人に1人が武家関係者である江戸と、ほどんど武士の姿を見ない町人都市・大坂の気風が異なるのは当たり前のことだった。

京都も武士の数はほんの一握りで、公家《くげ》とその使用人と町人・職人で構成されていた。

〝貴穀賤金《きこくせんきん》〟などと言ってコメをむりやり経済の中心に据えたのは幕府であり武士である。江戸の庶民が武家の影響でカネを粗末にしたのに対し、京坂の町人は経済の基幹がコメなどではないと先刻承知だったから、カネを大事にして貯蓄に励んだ。

京都は最大の手工業都市であり、大坂は最大の物流拠点である。下り物を消費するばかりの江戸へ商品を送れば黙っていても儲かる。職人の賃金などは江戸より低かったが、物価が2～3割も安いので、上方では庶民の暮らしぶりも全般に豊かだった。

江戸v.s.上方の庶民

江戸		大坂
約50万人（武家50万人）	町方人口	約30万人（武家数千人）
粋（いき）で鯔背な意地っ張り	気質	粋（すい）を尊び、富を尊び、体面にはこだわらない
金遣い（銭勘定だがドンブリになりやすい）	通貨	銀遣い（秤でピッタリ目方を計って取引）
「宵越しの金は持たない主義」	金銭感覚	「金は廻して利息を産ます主義」
大工で銀４匁２分（飯料別）	職人の日収	大工で銀３匁５分（飯料別）
田舎間４畳半の１Ｋ（専有面積約９.９㎡）	庶民の住居	京間４畳半・３畳の押入付き２Ｋ（専有面積約30㎡）
初鰹、鰻の蒲焼、天麩羅、江戸前鮨、二八蕎麦、下り酒、四文屋の一品料理	食の好物	明石鯛、押し鮨、名店「砂場」の蕎麦、上菓子、仕出しの本膳料理
朝に炊き、昼・夕は冷飯	飯の炊き方	昼に炊き、夕・翌朝は冷飯
渋好みだが、見えないところに贅沢したいタイプ	衣服の好み	色・柄に凝り、見栄えにしっかり金をかけるタイプ

「京の着倒れ、大坂の食い倒れ、江戸の呑《の》み倒れ」なる言葉がある。実際、京都人は飾りっ気が強かったと書物にあるが、生産地なのだから衣類に贅沢《ぜいたく》できるのは道理だ。

大坂には全国から米や蔵物《くらもの》が集まってくるから食事に贅沢ができる。江戸だけがよそから買った酒で盛大に酔っ払って対抗していた。これを負けず嫌いという。

井原西鶴《いはらさいかく》が江戸の気質を〝大名気《だいみょうぎ》〟と評したのは的確だった。意地悪な言い方をすれば、〝宵越しの金は持たねぇ主義〟は、〝武士は食わねど高楊枝《たかようじ》主義〟と同じものである。

西鶴は『日本永代蔵《にっぽんえいだいぐら》』の冒頭で「人が人たるためには金銀を貯めなければならぬ」と明快に規定している。ということは、江戸に住む御武家様や庶民は〝人〟ではなかったということになる。

コラム

江戸の物価は他城下の5倍だった⁉

元禄《げんろく》4（1691）年、長崎出島のオランダ商館長に随行して江戸参府した医師・博物学者のケンペルは、江戸の物価が高いことに驚き、その原因が「安逸《あんいつ》をむさぼる役人（武士）や神官・僧侶ら」が非常に多いためだと指摘している。

じつに正確な観察である。ここに挙げられた人たちは、実際、何一つ生産せずに消費するばかり。それでいて、江戸の人口の半分以上を占めていたのだ。

もっと具体的に「食料品の値段」などが「日本のほかの地方の城下町に比べて5倍は高い」と書いたのは、文政《ぶんせい》9（1826）年に江戸を訪れたシーボルトである。享保《きょうほう》末頃から江戸の料理屋では「五匁《もんめ》料理」なるコースメニューが流行したが、同程度の本膳料理を大坂では1～2匁で出したという。これを単純比較すると確かに5倍だ。

しかし、庶民に直接関係する〝消費者物価〟はだいたい地方都市の2倍、大坂や京都などの大都市との比較で2～3割高というのが実情だったと思われる。

大工の賃金で比較すると、江戸が銀4匁前後で大坂は3匁前後。収入差に見合う程度に物価にも差があったということだろう。

ただし、衣料や食料も高級品となると話は別で、実際に5倍～10倍の値で取引される品物もあった。

大坂では、諸藩特産品の買い叩きが日常茶飯事だったというが、江戸に廻送された下《くだ》り物の価格は何でも言い値である。

生産地での価格と江戸での小売値を比較したとしたら、目の玉が飛び出すようなケースも多かったと想像される。

第四章

庶民を熱狂させた江戸の文化

隆盛を極めた町人文化

武士道や庶民の享楽観が生んだ寛永文化

好対照をなす障壁画と風俗画

〝寛永《かんえい》文化〟とは、慶長《けいちょう》年間（１５９６〜１６１５）から、寛永年間（１６２４〜44）頃までに発展した文化の総称である。

前代の桃山文化の影響を色濃く残し、建築やそれに付随する障壁画・彫刻などの美術品を中心に発展したことが最大の特色だ。名古屋城・二条城などの障壁画は、幕府御用絵師・狩野探幽一門の手になるもので、余白の使い方などが〝江戸美術〟出発を感じさせる。

一方、風俗画では「湯女図《ゆなず》」や「彦根屏風《ひこねびょうぶ》」など、女性たちの姿を活写したものが多い。また「洛中洛外図屏風《らくちゅうらくがいずびょうぶ》」や「江戸名所図屏風《えどめいしょずびょうぶ》」のように、建築・人々の衣服・芸能といった当時の文化・風俗を1枚でドンと見せてくれるものもある。

文学では、やさしいカナで書かれた絵入物語〝仮名草子《かなぞうし》〟が普及した。内容は娯楽・教訓などさまざまで、後に本格小説のスタイルを整え〝浮世草子《うきよぞうし》〟へと発展していく。

寛永時代に流行した浮世草子

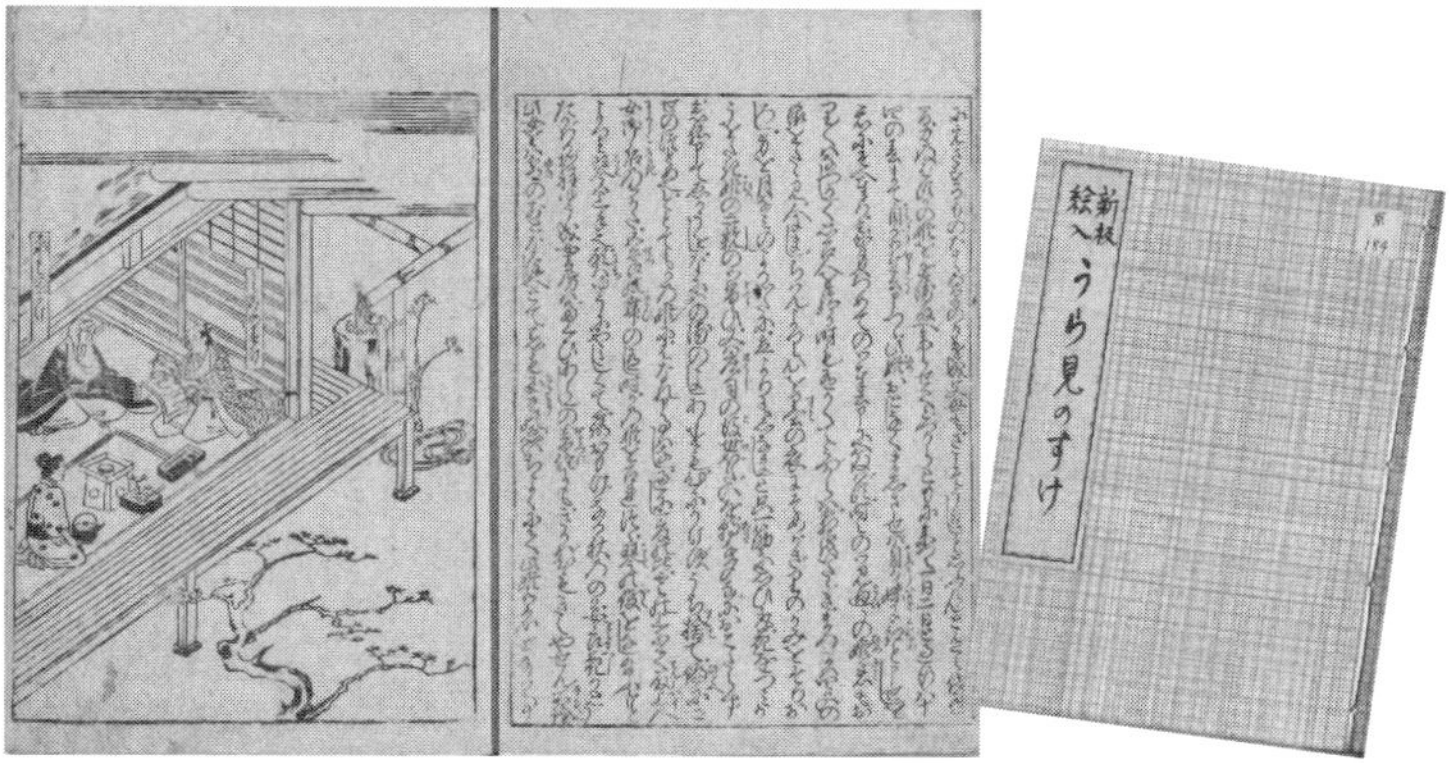

「うらみのすけ２巻」（国立国会図書館蔵）。
寛永文化が生んだ浮世草子は庶民の人気を博した

作者不詳の『恨之介《うらみのすけ》』なる作品は主人公・葛《くずの》恨之介《うらみのすけ》の悲恋物語であるが、中に「夢のうき世をぬめろやれ遊べや狂へ皆人」という当時の流行唄《はやりうた》などが記されていて興味深い。「しょせん夢のような世だ。ぬらくらと遊び狂えよ、人々よ」といった意味だが、武家に醸成された新たな〝士風〟と、庶民の享楽的な生き方、かぶき者の厭世感などが混じり合っていた時代であった。

この時代は多分野に才能を発揮する人物が活躍したことも特色で、刀剣の研磨・鑑定師として出発し、書画、漆《うるし》芸、陶芸などにも優れた作品を残した本《ほん》阿弥光悦《あみこうえつ》、幕府の作事奉行《さくじぶぎょう》として多くの城郭や庭園を手掛けつつ書画・茶の湯ほか芸術全般に通じていた小堀遠州《こぼりえんしゅう》などの名がよく知られている。また、剣豪・宮本武蔵《みやもとむさし》も、書画をよくし、作庭などにも優れた仕事を残したマルチ人間だった。

寛永文化に起こった天下普請の建築ブーム

壮麗な建築と美術品の文化

江戸初期の大名《だいみょう》屋敷は競うように豪壮華麗に建てられたが、これは諸大名家の証人《しょうにん》（人質）が江戸に永住するとの意思を示すためでもあり、幕府もそれを歓迎して大いに金をかけることを奨励した。

「江戸図屏風《えどずびょうぶ》」には、3代将軍・家光《いえみつ》の壮大な江戸城とそれを取り囲む大名屋敷の数々が描かれている。寛永《かんえい》期には〝天下普請《てんかぶしん》〟を核とする多くの建造物と、それらの内外を飾りたてた障壁画や彫刻などの優れた美術品が生まれた。これらは絢爛《けんらん》を旨とした桃山文化の最後の輝きともいえる。

元和《げんな》元（1615）年に〝一国一城令《いっこくいちじょうれい》〟が発せられ、寛永期には築城文化が衰退したといわれるが、大名たちは支城の破却を進めると共に本城と城下町の整備を積極的に行なった。技術の革新を背景に、日本の城郭はこの時期に建築ジャンルとしての完成を見る。

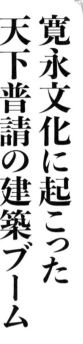

京都・桂離宮の庭園

寛永文化と代表する京都・桂離宮の
庭園は日本最高の名園といわれる

城と別にこの時期を代表する建造物として、日光《にっこう》東照宮《とうしょうぐう》（栃木県）と桂離宮《かつらりきゅう》（京都府）があげられる。家康を祀《まつ》る東照宮は元和3年に正遷宮が行なわれたが、20周年を期して家光が贅《ぜい》を尽くした建て替えを実施した。費用は概算で100万両《りょう》をかけたという。狩野探幽《かのうたんゆう》が絵画部門を監督し、左甚五郎《ひだりじんごろう》らが彫刻に腕を振るったと伝えられる。

現在の遺構はほとんどこの時のもので、総計50棟以上が国宝・重文指定を受けている。

さて、豪奢《ごうしゃ》な東照宮とは対照的に風雅なたたずまいを今に残す桂離宮は、趣味人として知られた智仁《としひと》親王《しんのう》の別邸である。寛永期にほぼ現在の姿となった。質素な構成ながら、じつは最高級の材を用いてある。茅葺《かやぶ》き・数奇屋造《すきやづく》りの古書院《こしょいん》を中心に建物群と庭園が広がる。ここには、皇族や公家、芸術家、茶人、武家などが集い、豊穣な文化のサロンが花開いた。

町人の生活に根付いた元禄文化

ボーダーレス化した芸術と娯楽

元禄《げんろく》期（1688〜1704）前後の文化は、特に〝舞台〟と〝出版〟の発展に特色がある。上方や江戸の新興商人層の活力を基盤として、歌舞伎、浄瑠璃《じょうるり》、浮世草子《うきよぞうし》、俳諧《はいかい》などの豊かな作品世界が広がった。

元禄文化の背景には商業資本の発達があった。あえて極論すれば、文化というものはおカネのあるところにしか生まれない。江戸初期に財を誇った幕府や大名家の周辺に文化が育まれたように、この時代には、富裕で教養のある町人が文化の担い手となった。

近松門左衛門《ちかまつもんざえもん》の浄瑠璃作品は、当時の大衆に今日の映画のような感覚で迎えられたのであり、井原西鶴《いはらさいかく》の小説も教養ではなくエンタテインメントとして多数の読者を獲得した。

歌舞伎の『義経千本桜《よしつねせんぼんざくら》』は歴史ドラマ、『仮名手本忠臣蔵《かなでほんちゅうしんぐら》』は実録物というように捉えてみると、元禄文化がぐっと身近に感じられるはずだ。

『義経千本桜』の錦絵

『義経千本桜』（柳水亭種清作）より、初編（上）、二編（左上）、三編（左）のそれぞれの巻頭の錦絵（国立国会図書館蔵）

絵画の尾形光琳《おがたこうりん》・乾山《けんざん》兄弟（弟は陶芸のほうで有名だ）などはちょっと別格の感じもあるが、両人も金持町人の息子で、御用絵師といった正統を離れた〝個性〟が面白いのだ。

元禄文化は上方《かみがた》優位といわれるが、ここに菱川師《ひしかわもろ》宣《のぶ》という男がいる。安房国《あわのくに》（千葉県）出身で、肉筆画を描く一方、「浮世絵版画」という画期的なジャンルを開拓した。すなわち絵画の大量生産システムだ。「婦女図《ふじょず》」——通称・見返り美人などの1枚絵も有名だが、そのほかに『和国百女《わこくひゃくじょ》』など100種類以上の絵本を出版している。

息子や弟子と共に〝工房〟を営み、吉原《よしわら》や芝居町《しばいまち》などの風俗画を量産した菱川師宣は、いわば現代のマンガ家などがとるプロダクション方式の元祖でもあった。師宣の作品は他国の人々に〝江戸絵《えどえ》〟と呼ばれ、単価が安いので、土産物としても珍重された。

現代に伝わる元禄の歌舞伎と浄瑠璃

荒事芸が生んだ〝千両役者〟

江戸の歌舞伎は寛永《かんえい》元（1624）年にできた猿若勘三郎《さるわかかんざぶろう》の芝居小屋（後の「中村座《なかむらざ》」）が初めで、やがて「市村座《いちむらざ》」「山村座《やまむらざ》」「森田座《もりたざ》」ができ、幕府公許の〝江戸四座《えどよざ》〟となる。そのうち、「山村座」は絵島生島《えじまいくしま》事件で断絶し、以後は〝江戸三座《えどさんざ》〟となった。

元禄《げんろく》時代に活躍した初代・市川団十郎《いちかわだんじゅうろう》の家芸である〝荒事《あらごと》〟（武勇伝などを主題にした演目・演出）は、上方《かみがた》の〝和事《わごと》〟（情話などを主題にした演目・演出）に対置されるもので、その勇猛・豪快さと誇張した扮装・演技が、江戸歌舞伎の独自な発展につながった。

元禄17（1704）年、「市村座」の舞台で、45歳の役者盛りだった団十郎がやはり役者の生島半六《いくしまはんろく》に刺殺されるという悲劇が起きる。動機は私怨とみられる。大スターを失った江戸市民は嘆いたが、代わって17歳の息子がさっそうと二代目を襲名。父譲りの荒事芸を大成して、江戸歌舞伎隆盛の基礎を築いた。

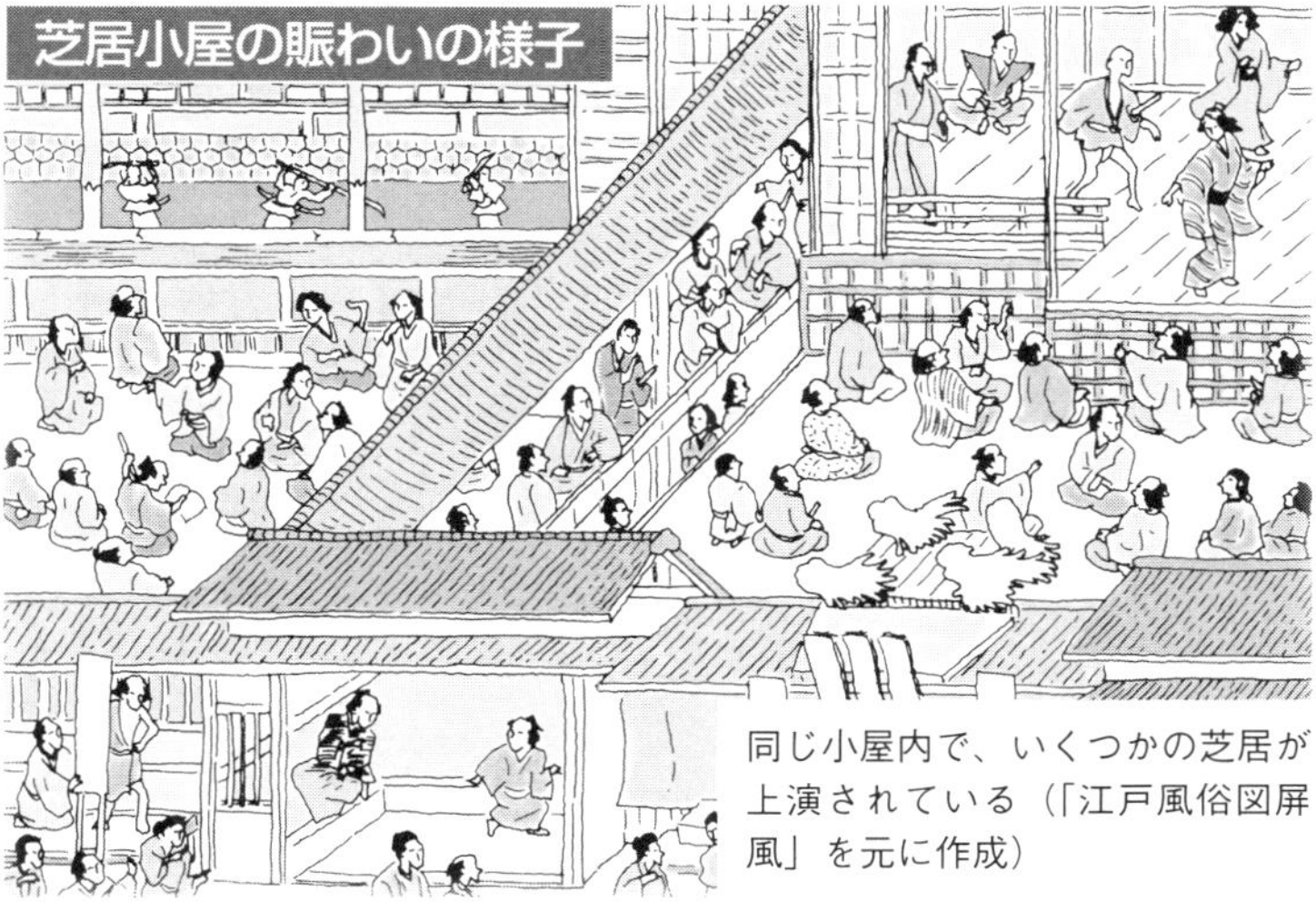

同じ小屋内で、いくつかの芝居が上演されている（「江戸風俗図屏風」を元に作成）

後の享保《きょうほう》6（1721）年、「森田座」で上演した『賑《にぎわい》末広《すえひろ》曾《そ》我《が》』は、なんと280日間というロングランを記録し、二代目・団十郎は役者として初めて1千両《りょう》の給金を得た。これが〝千両役者〟という語の起源である。

一方、浄瑠璃《じょうるり》といえば、近松門左衛門《ちかまつもんざえもん》に代表されるように、上方が主流を占めていたような印象があるが、初めの頃は江戸のほうが盛んだった。薩摩《さつま》節《ぶし》から派生して、金平節《こんぴらぶし》、外記節《げきぶし》、土佐節《とさぶし》などが生まれ、特に土佐節などは近松にも影響を与えたといわれている。その後も、式部節《しきぶぶし》、河東節《かとうぶし》、豊後節《ぶんごぶし》などが流行し、豊後節の系列から常磐津節《ときわづぶし》・富本節《とみもとぶし》・清元節《きよもとぶし》の〝豊後三流《ぶんごさんりゅう》〟が生まれた。

ただ、江戸の好みはやはりどちらかといえば芝居に集中し、浄瑠璃節も歌舞伎とセットで語られることが多かった。

ユーモアを追求した芭蕉の俳諧と〝洒落風〟

芭蕉もユーモアを追求していた

今では〝ことわざ〟のように扱われている「盗人を捕らえてみればわが子なり」という句だが、これはもともと室町時代の『犬筑波集《いぬつくばしゅう》』に載っている「俳諧連歌《はいかいれんが》」である。

5・7・5の句と7・7の句を交互に詠み続けていくもので、この句の前には「切りたくもあり切りたくもなし」という7・7がある。

松尾芭蕉《まつおばしょう》がやっていたのもこの「俳諧連歌」で、普通は「俳諧《はいかい》」と略称する。〝諧〟の字が付くくらいだから、本来、おかしみを追求するゲーム的な文芸だ。

「古池や蛙飛《かわずとび》こむ水の音」などの芭蕉作品におかしみを感じるかどうかは、その人の感性によるが、少なくとも作者本人は真面目にユーモアを追求していたのだ。

その意味で〝わび・さび〟は句の目的ではなく、香りづけのスパイスのようなものと理解すべきである。

松尾芭蕉

『肖像集8』（栗原信充画）より、松尾芭蕉の肖像画（国立国会図書館蔵）

芭蕉の確立した俳諧のスタイルを〝蕉風《しょうふう》〟、弟子たちを〝蕉門《しょうもん》〟と呼ぶ。江戸蕉門の代表選手は榎《えの》本《もと》其角《きかく》や服部嵐雪《はっとりらんせつ》らで、彼らの持ち味は斬新軽妙・理知的で華麗な作風にある。

芭蕉の死後、江戸では特に榎本其角のスタイルが広く受け入れられ、その周囲に大勢の趣味人が集まった。顔ぶれも、豪商の〝紀文《きぶん》〟や〝奈良茂《ならも》〟、役者の市川団十郎《いちかわだんじゅうろう》（初世・二世）、赤穂藩《あこうはん》の大高源《おおたかげん》吾《ご》など、やたらに豪華である。俳号で呼び合い、身分を持ち出す野暮《やぼ》はしない。彼らを中心に〝洒落《しゃれ》風《ふう》〟と呼ばれる都会的な俳諧が盛んになった。

榎本其角の発句《ほっく》には次のようなものがある。

「切られたる夢は誠か蚤《のみ》の跡」

「越後屋《えちごや》に衣《きぬ》さく音や更衣《ころもがえ》」

こうした作風を好んだところに伊達《だて》好みの〝江戸人気質〟がよく現われている。

出版が隆盛を極めた庶民の化政文化

改革の反動から花開いた文化

寛政《かんせい》の改革が失敗に終わった後の文化《ぶんか》・文政《ぶんせい》年間（1804～30）に現出する化政《かせい》文化は、それ以前の安永《あんえい》～天明《てんめい》年間（1772～89）に発達した文化と地続きだといえる。

この化政文化は、よく〝爛熟した庶民文化〟といった表現が使われるが、それはいきなり現われたわけではない。〝熱血先生〟松平定信《まつだいらさだのぶ》の改革で厳しく押さえ付けられた出版や庶民の娯楽が、反動でパッと大輪の花を咲かせたのである。

文芸作品や浮世絵などの出版物を中心とする化政文化が江戸を舞台に展開するのも、最も統制の厳しかった〝御膝元《おひざもと》〟に文化のエネルギーが蓄積されていたからだ。

安永4（1775）年刊の恋川春町《こいかわはるまち》『金々先生栄華夢《きんきんせんせいえいがのゆめ》』を引き継ぐ大人向け小説のジャンルとして黄表紙《きびょうし》が確立し、洒落本《しゃれぼん》の系統を引く滑稽本《こっけいぼん》（中本《ちゅうぼん》）が人気を集めた。

滑稽本の代表作とされているのが十返舎一九《じっぺんしゃいっく》『東海道中膝栗毛《とうかいどうちゅうひざくりげ》』で、これが後に庶民

黄表紙・滑稽本

滑稽本（中本）の代表作『道中膝栗毛』（十返舎一九作・画）の一場面（国立国会図書館蔵）

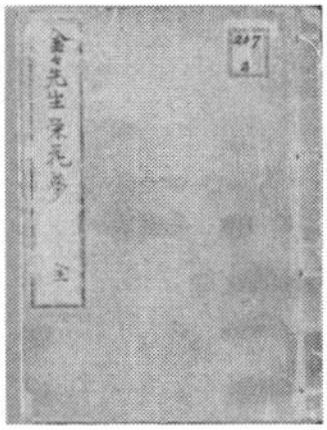

大人気だった『金々先生栄花夢』（恋川春町作・画）の一場面（国立国会図書館蔵）

の間に旅行ブームを巻き起こした。式亭三馬《しきていさんば》の『浮《うき》世風呂《よぶろ》』『浮世床《うきよどこ》』などもヒット作だ。

その後、合巻《ごうかん》という単行本スタイルとなり、柳《りゅう》亭種彦《ていたねひこ》の『偐紫田舎源氏《にせむらさきいなかげんじ》』は、あの大奥にまで持ち込まれるほどの超ベストセラーとなった。

為永春水《ためながしゅんすい》の『春色梅児誉美《しゅんしょくうめごよみ》』などロマンス物――人情本《にんじょうぼん》も女性読者をつかんだ。上田秋成《うえだあきなり》の『雨月物語《うげつものがたり》』や曲亭馬琴《きょくていばきん》の『南総里見八犬伝《なんそうさとみはっけんでん》』など、読本《よみほん》にも傑作が登場した。

出版の隆盛を支えたのは、本を背負って得意先を回る貸本屋の存在だ。６００～７００人を数えた江戸の貸本屋は、それぞれ１５０以上の得意先を抱えていたという。新刊の板行部数は当時数千程度だが、１人が何冊も持ち歩いたので、人気作は江戸だけで「10万部突破！」ということになっていたわけだ。

化政文化を担った出版界の裏事情

製本が間に合わないベストセラー

「耕書堂《こうしょどう》」――蔦屋重三郎《つたやじゅうざぶろう》は単なる出版業者というにとどまらず、江戸後期の文化を育て、支えた人物として特筆すべき存在である。

安永《あんえい》5（1776）年から遊廓《ゆうかく》ガイドブック「吉原細見《よしわらさいけん》」の出版を始めた〝蔦重《つたじゅう》〟は、当時の狂歌《きょうが》・戯作《げさく》界のスター・大田南畝《おおたなんぽ》らと交友し、天明《てんめい》3（1783）年に『万載狂《まんざいきょう》歌集《かしゅう》』を刊行し、狂歌ブームの仕掛人となった。

彼には作家に〝売れる〟作品を書かせる才能があった。朋誠堂喜三二《ほうせいどうきさんじ》の『文武二道万石《ぶんぶにどうまんごく》通《どうし》』や恋川春町《こいかわはるまち》の『鸚鵡返文武二道《おうむがえしぶんぶのふたみち》』など、寛政《かんせい》の改革を諷刺した黄表紙《きびょうし》は大ヒットした。これら人気作家の本は、印刷しただけの紙に表紙・綴糸《つづりいと》のセットを付けて売ったという。需要が多すぎて製本が間に合わないのである。

作家と板元

板元が著者を訪れて、原稿執筆の依頼をする様子

ところが、改革諷刺は手痛いしっぺ返しにつながった。山東京伝《さんとうきょうでん》の洒落本《しゃれぼん》三部作が「風俗を乱す」と摘発され、蔦屋は財産半分を没収、手鎖《てぐさり》の刑を受けた山東京伝は無難な勧善懲悪路線へ〝転向〟を余儀なくされる。

しかし、めげない蔦重は、覆面絵師・東洲斎《とうしゅうさい》写楽《しゃらく》をプロデュースし、わずか1年ほどの間に140点もの役者錦絵を刊行して大評判をとる。喜多川歌麿《きたがわうたまろ》の美人画も彼を板元として売り出された。後の流行作家・十返舎一九《じっぺんしゃいっく》や曲亭馬琴《きょくていばきん》らも、新人時代に蔦重方に居候するなど相当世話になっている。そういえば、作家に原稿料を払うようにしたのも蔦重が最初である。

とはいえ、その原稿料は1冊1〜2両《りょう》の買い取りで印税契約ではない。ベストセラーとなっても、板元だけが丸儲けというシステムだった。

世界に冠たる錦絵は庶民の高尚な趣味だった

カラー印刷の起源は私家版カレンダー

錦絵《にしきえ》とは多色摺《たしょくずり》版画の総称で、いわば日本におけるカラー印刷の元祖である。

江戸で狂歌がブームになると身分を超えてそれを楽しむサロンができたが、そこで「大《だい》小《しょう》」という絵暦《えごよみ》の品評会を行なうようになった。オリジナルカレンダーのデザインや趣向を競い合ったのだ。ここで生まれた多色摺の技術に、さっそく、出版界が目を付けた。

浮世絵師・鈴木《すずき》春信《はるのぶ》がカラーの美人画を制作すると、たちまち評判となり、後の化政《かせい》期には錦絵が浮世絵版画の主流を占めるに至る。

錦絵の制作は、板元の企画に始まり、絵師・彫師・摺師の協同作業によって行なわれる。江戸の優れた職人技は、カラー印刷の技法を急速に発展させ、技術の発展がまた絵師たちの豊かな表現へとつながった。

錦絵美人画の第2世代・勝川《かつかわ》春章《しゅんしょう》、鳥居《とりい》清長《きよなが》の後、歌麿や写楽が登場して一世を風靡《ふうび》

錦絵美人画と大首絵

『葛飾北斎喜多川歌麿画帖』より、喜多川歌麿の大首絵（国立国会図書館蔵）

『風俗四季哥仙　三月』（鈴木春信画）（国立国会図書館蔵）

する。それまで人物の全身を描くことが多かったのに対し、喜多川歌麿・東洲斎写楽は胸から上をアップにした「大首絵《おおくびえ》」なるジャンルを確立した。

しかし、写楽は1年で姿を消し、歌麿も晩年は急速に筆が衰えた。

文化《ぶんか》元（1804）年の「太閤五妻洛東遊観図《たいこうごさいらくとうゆうかんず》」が11代将軍・家斉《いえなり》の大奥生活をモデルにしていると疑われ、歌麿は手鎖《てぐさり》の刑に処されてほどなく死ぬ。失地回復を狙ったキワモノが仇《あだ》となってしまった。

両名の後、風景版画の世界などに独自の境地を開いたのが、葛飾北斎《かつしかほくさい》と歌川《うたがわ》（安藤《あんどう》）広重《ひろしげ》である。遠近法など西洋の画法を採り入れた彼らのシリーズ作品は、広く大衆に歓迎された。

幕末に日本を訪れた外国人たちは、〝コレクション〟という高尚な趣味が庶民層にまで浸透していることを知って非常に驚いたという。

出版文化の広がりを支えた江戸庶民の教養

勇気ある板元・須原屋市兵衛

〝蔦重《つたじゅう》〟と並んで忘れてならない江戸の板元が須原屋市兵衛《すはらやいちべえ》である。江戸では多くの学芸が発達したが、初の本格的蘭学書『解体新書《かいたいしんしょ》』の出版を引き受けたのが彼だった。

印刷は安永《あんえい》3（1774）年に完了していたのだが、慎重に1年間待ち、その間に幕閣に見本を献上するなどの根回しをした。どこからも文句が出ないのを見定めて、翌年、堂々と発売したのである。この書が医学界に与えた影響は測りしれない。

ほかにも平賀源内《ひらがげんない》がデビューを飾った物産学書『物類品隲《ぶつるいひんしつ》』、建部清庵《たけべせいあん》の『民間備荒録《みんかんびこうろく》』、林子平《はやししへい》の『三国通覧図説《さんごくつうらんずせつ》』、森島中良《もりしまちゅうりょう》の『万国新話《ばんこくしんわ》』、宇田川玄随《うだがわげんずい》の『西説内科撰要《せいせつないかせんよう》』など、科学知識・国際知識の書物を多く世に送り出し、学問の発展に大きく貢献している。

この頃になると江戸は人口だけでなく識字率でもすでに世界一の都市だった。武家の子弟は、官学のほか民間の私塾でも学び、国学・漢学・洋学などさまざまな塾が開設されて

寺子屋の様子

1千カ所にも達した寺子屋が庶民の学力・教養を高めた

いた。幕府正学とは別に、こうした〝私学〟では独自の教育内容が採られた。

また、庶民の子供も寺子屋へ通わない者は稀だった。化政《かせい》期には、浪人や下級幕臣がアルバイトで師匠を務める寺子屋の数が、市中で1千カ所に達するほどだったという。

こうした〝小学校〟では、「往来物《おうらいもの》」（手紙文で一般常識などを解説したもの）を主な教科書とし、ほかに手習いや算盤《そろばん》、掛け算九九まで教えた。

授業料は家庭の経済状況に応じ、場合によっては食品など商売物による物納も許された。200人もの生徒を抱える人気講師もいて、俸禄《ほうろく》20石《こく》に相当する収入があったという。

さらに、生徒のうち10人に1人は私塾へ進学した。こうした庶民の学力・教養が、江戸の出版文化の下地をかたちづくっていた。

コラム

とうとう決着を見た!?　写楽の正体

寛政《かんせい》6（1794）年に彗星のごとく現われ、140点余りの錦絵作品を残してわずか1年弱で姿を消した浮世絵師・東洲斎《とうしゅうさい》写楽《しゃらく》の正体については、多くの説が取り沙汰されてきた。

写楽の正体に比された代表的な人物は、歌川豊国《うたがわとよくに》、葛飾北斎《かつしかほくさい》、喜多川歌麿《きたがわうたまろ》、十返舎一九《じっぺんしゃいっく》などのそうそうたる顔ぶれで、板元の蔦屋重三郎《つたやじゅうざぶろう》説もある。

しかし『増補浮世絵類考』は「写楽、天明寛政《てんめいかんせい》年中の人、俗称斎藤十郎兵衛《さいとうじゅうろうべえ》、居八丁堀に住す。阿波侯の能役者也。号東洲斎」と明記している。そのため、専門家の間では、斎藤十郎兵衛の実在を証明することのほうに研究の比重が移っていた。

平成9（1997）年、斎藤十郎兵衛の存在を裏付ける過去帳が、埼玉県越谷市の法光寺《ほうこうじ》で見つかり話題を呼んだ。

法光寺は、明暦《めいれき》3（1657）年の明暦の大火で焼けた後に江戸浅草から写楽が住んだという八丁堀に移転し、昭和の末に再び火災に遭って越谷市に移ったという。

過去帳の文政《ぶんせい》3（1820）年3月7日の項には「八町堀地蔵橋　阿州殿御内　斎藤十良兵衛行年五十八歳　千住ニテ火葬」とあり、これをもとに逆算すると、生年は宝暦《ほうれき》11（1761）年かその翌年になる。十郎兵衛＝写楽なら、彼のデビューは30代の半ばだったわけだ。

こうしたことから、写楽の正体探しはもう終わったとする見解も多いのだが、もう一つすっきりしない思いも残る。活動期間の短さや敏腕プロデューサー〝蔦重《つたじゅう》〟との関連など、さらなる謎の解明が待たれる。

第五章

江戸っ子の楽しみと流行

今でも粋な江戸の感性

江戸庶民に親しまれた神社仏閣と花見の名所

四季に応じて自然を楽しむ

江戸の人々は、季節の移り変わりに合わせて、近郊の豊かな自然を満喫した。まずは花見だが、浅草寺《せんそうじ》奥山《おくやま》や上野寛永寺《うえのかんえいじ》境内《けいだい》、墨堤《ぼくてい》（隅田川《すみだがわ》東岸）、飛鳥山《あすかやま》（北区）、御殿山《ごてんやま》（品川区）などが名高い。ほかに、寺島村《てらじまむら》（墨田区）「百花園《ひゃっかえん》」や亀戸《かめいど》（同）の梅屋敷《うめやしき》、太田道灌《おおたどうかん》の故事で有名な高田《たかだ》（新宿区）の山吹《やまぶき》、平井《ひらい》（江戸川区）の椿《つばき》、亀戸天満宮《かめいどてんまんぐう》（墨田区）の藤《ふじ》、龍眼寺の萩《はぎ》――と、花の名所には事欠かなかった。

初夏は、高輪《たかなわ》（港区）や品川（品川区）の海岸で潮干狩。隅田川西岸の駒形《こまがた》や落合《おちあい》（新宿区）の妙正寺川《みょうしょうじがわ》付近は蛍《ほたる》の名所である。初秋には、夕暮れ時に鳴く虫の音を聴く風雅な〝虫聞き〟を楽しむ。広尾《ひろお》、飛鳥山、道灌山《どうかんやま》（荒川区）などが有名だった。鮫洲《さめず》（品川区）の海晏寺《かいあんじ》や下谷《したや》（台東区）の正燈寺《しょうとうじ》をはじめ紅葉見の名所も数多く、雑司ヶ谷《ぞうしがや》（豊島区）辺りの田園地帯は冬枯れの風情を愛《め》でる〝枯野歩き〟の名所とされた。

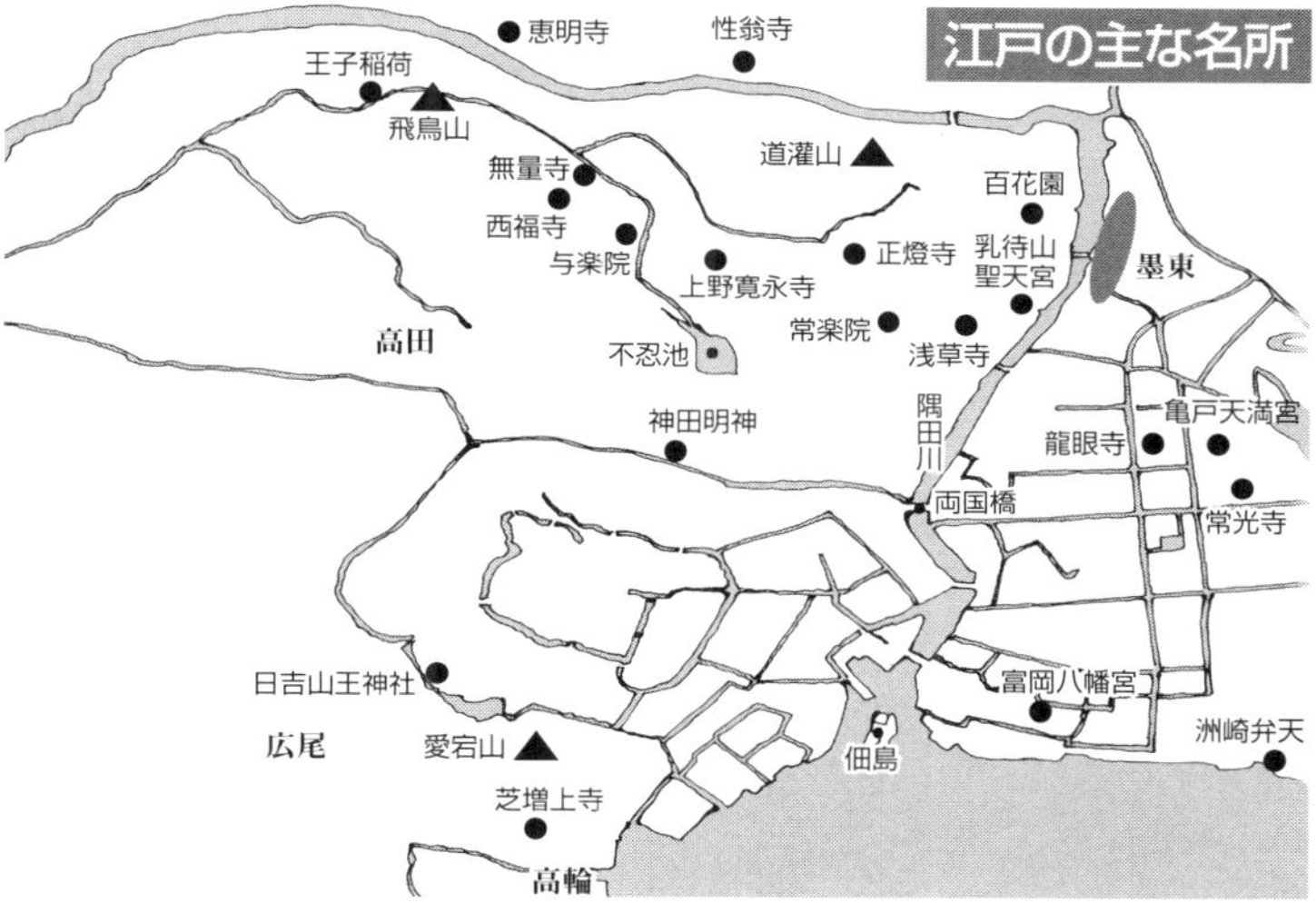

江戸の人たちは、誰もが、四季に応じた自然の楽しみ方を知る趣味人だったのだ。

行楽を兼ねた七福神詣《もう》でなどの寺社巡りも楽しんだ。正月に廻る江戸七福神の元祖は〝谷中《やなか》七福神〟。後に〝隅田川七福神〟〝山手《やまのて》七福神〟もできた。

ほかにも多くの巡拝プランがあったが、近郊の巡拝ハイキングコースとして特に人気を集めたのが〝江戸六阿弥陀参《ろくあみだまい》り〟だった。由来は奈良時代の高僧・行基《ぎょうき》が彫った6体の阿弥陀仏で、一般的な順路は、台東区の常楽院《じょうらくいん》、北区の与楽院《よらくいん》・無量寺《むりょうじ》・西福寺《さいふくじ》、足立区の恵明寺《けいめいじ》、江東区の常光寺《じょうこうじ》である。

足を延ばして性翁寺《しょうおうじ》（足立区）の「木余《きあま》りの弥《み》陀《だ》」に詣でても、5里《り》半（約22㎞）ほどの路程なので日帰りに手頃な距離とされた（江戸時代の人たちは健脚だった）。お彼岸に廻れば、ご利益が大きいといわれ、春と秋には多くの人で参道が埋まったという。

芝居見物は庶民が熱狂した一大イベントだった

夜中に出かける歌舞伎見物

江戸の娯楽の王様は〝大芝居《しばい》〟――三座の歌舞伎興業である。歌舞伎の世界では「顔見《かおみ》世《せ》」の始まる11月1日が正月元日にあたる。前日の10月晦日《みそか》には、劇場や役者の家は飾り物や提灯《ちょうちん》を吊るし、初日の朝は雑煮餅《ぞうにもち》で祝った。待ち切れない観客たちは、各座の木戸前に深夜から詰めかけて一番太鼓を待つ。早朝6時の開幕から午後4時の閉幕まで10時間にわたる長丁場である。「顔見世」ならずとも、いざ芝居見物という日は、みんな夜中に起き出して支度《したく》をし、1日がかりで熱狂するという大イベントだった。

一般大衆は100文《もん》（2千5百円）ほどの木戸銭で「切り落とし」という土間のB級席で観る。桟敷《さじき》や枡《ます》席で観劇しようという客には「芝居茶屋《しばいぢゃや》」という座付きの専門業者を通して予約を取らなければならない。

とはいえ、これは上級武士や大店《おおだな》の主人などのエグゼクティヴ向け特別コースで、桟

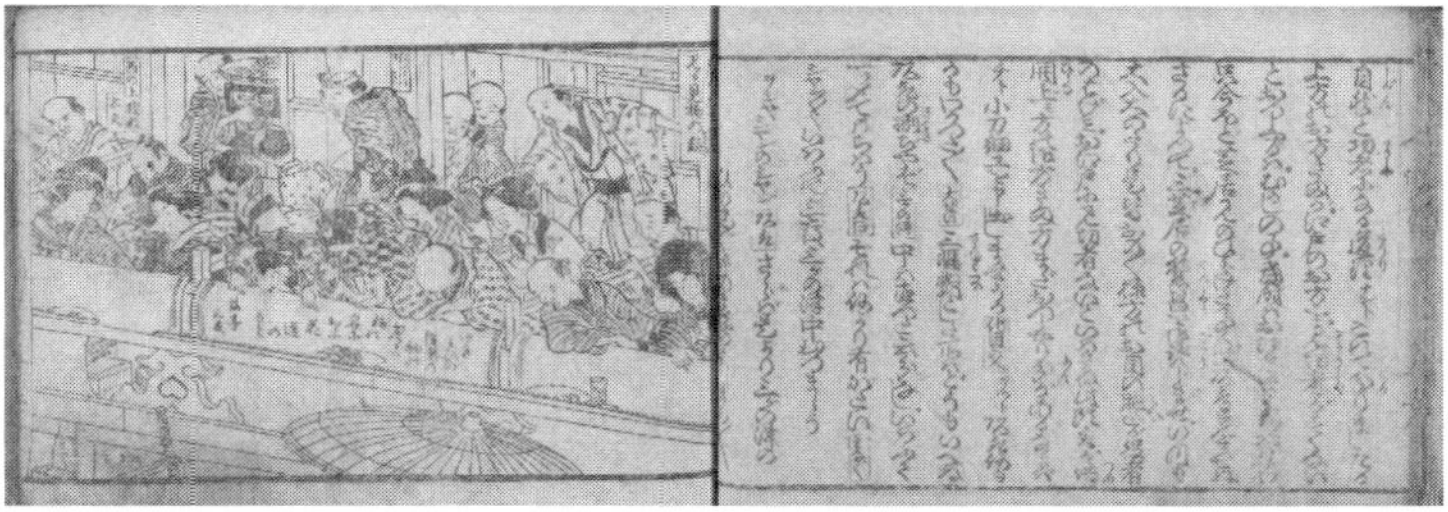

芝居小屋内外の芝居見物客の生態を描いた『客者評判記』（式亭三馬作／五渡亭国貞画）の一場面。桟敷は客でごったがえしているのがわかる（国立国会図書館蔵）

芝居小屋のにぎわい

敷席の料金は最低でも銀15匁《もんめ》（約2万5千円）ほど。ヒット作だと35匁にも跳ね上がったという。

そこで、もっと気軽な芝居の楽しみ方も登場した。歌舞伎の〝一幕見《ひとまくみ》〟もその一つで、料金は16文。いわば芝居の切り売りだが、庶民にはありがたいサービスだった。

寺社の境内で臨時に興業する芝居小屋は、〝大芝居〟に対して〝小芝居《こしばい》〟と呼ばれた。寺社奉行所に出願して100日ほどの興業許可を得たものなので「百日芝居《ひゃくにちしばい》」とか「宮地芝居《みやちしばい》」と通称され、これも庶民の味方だった。

花道や廻舞台などは認められず、引幕代わりの緞《どん》帳《ちょう》のみ使用が許可されたので、小芝居の役者たちは〝緞帳役者〟といわれた。

ともあれ、芝居見物は、貧富を問わず江戸に住む人々に共通の娯楽だった。

江戸で発達した気軽な娯楽の落語と講釈

寄席を掛け持ちして廻った人気者

多数の聴衆を相手にする落語家の元祖は、延宝《えいほう》～貞享《じょうきょう》年間（1673～88）に辻芸人として活躍した、上方の露《つゆ》の五郎兵衛《ごろべえ》、米沢彦八《よねざわひこはち》、江戸の鹿野武左衛門《しかのぶざえもん》らといわれる。

江戸ではその後、全国にその名が知られた深井志道軒《ふかいしどうけん》の辻講釈、烏亭焉馬《うていえんば》らによる〝咄《はなし》の会《かい》〟の流行、三題噺《さんだいばなし》の創始者・三笑亭可楽《さんしょうていからく》による寺社境内での興行といった時代を経て、文化《ぶんか》・文政《ぶんせい》年間（1804～30）頃から、落語や講談を演じる専門の寄席《よせ》が登場してた。

可楽一門では、朝寝坊夢楽《あさねぼうむらく》の人情噺《ばなし》、林家正蔵《はやしやしょうぞう》の怪談噺といった新趣向が次々と創始され、対する三遊亭円生《さんゆうていえんしょう》一門からも、金原亭馬生《きんげんていばしょう》、古今亭《ここんてい》志ん生《しょう》といった名手が輩出した。ところが、老中・水野忠邦《みずのただくに》が、寄席を15軒と制限してしまう。がっかりである。

しかし、天保《てんぽう》の改革が失敗に終わると、一気に寄席人気は復活した。

初めの頃の寄席の客層は、江戸勤番の武家、商家の手代《てだい》、町方の隠居などだった。つまり、裕福な閑人の溜《た》まり場だったわけだ。

それが、庶民にも広がっていき、安政《あんせい》5年（1855）の大地震後には、市街復興のため手間賃の急騰した大工や職人らで客席が埋まり、庶民にも広がっていった。

当時の江戸には、落語170軒以上、講談200軒以上もの寄席ができたそうだ。〝雨後の筍《タケノコ》〟ならぬ〝地震後の寄席〟とでもいうべきか。

しかし、この隆盛が、初代・三遊亭円朝《さんゆうていえんちょう》という幕末～明治のビッグネームを誕生させた。

明治期には上方落語も黄金時代を迎え、以後、盛衰を繰り返しつつ、東京と上方の落語界は良きライバルとして伝統を伝えている。

勧進相撲を盛り上げた2人の花形力士

名勝負で火がついた江戸の相撲ブーム

〝勧進相撲《かんじんずもう》〟とは、もともと寺社の修築資金などを募るための相撲興行で、当初は寺社奉行所の許可が必要だった。

後になって定例化し、現代の相撲協会にあたる「相撲会所《すもうかいしょ》」が組織された天明《てんめい》年間（1781〜89）以降は毎年2回興行、場所も本所《ほんじょ》（墨田区）の回向院《えこういん》でほぼ定着した。

さて、天明2年春場所の7日目。63連勝という大記録を更新中の関脇・谷風梶之助《たにかぜかじのすけ》（33歳）が、大坂から下った若手・小野川喜三郎《おのがわきさぶろう》（25歳）に土をつけられた。小野川の株はたちまち跳ね上がり、江戸の相撲人気が爆発した。

やがて小野川も実力最高位の関脇に昇り、勧進相撲は以前にも増して大盛況となった。

折しも世は松平定信《まつだいらさだのぶ》の治世で、倹約令・風俗取締による欲求不満のはけ口が、肉弾相打つ勝負に求められたのだろう。谷風は189㎝・169㎏。小野川は176㎝・

江戸の花形力士

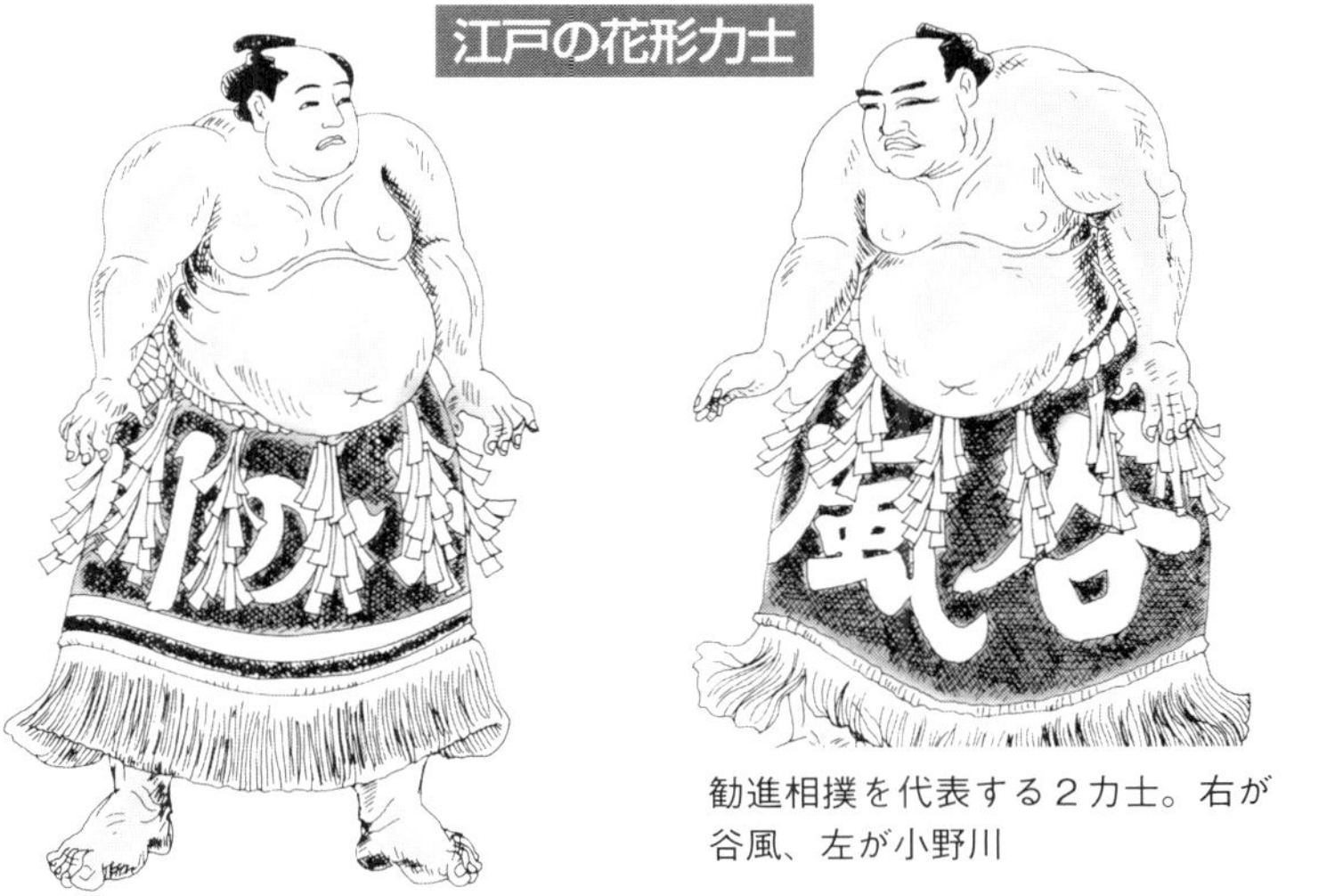

勧進相撲を代表する２力士。右が谷風、左が小野川

131kg。共に、勝率は9割を超え、その取組みは「寛政《かんせい》の名勝負」と称えられた。

その後、2人は横綱免許を受け、続いて新設の大関位に就いた。〝横綱〟は地位ではなく、将軍拝謁用に考案された力士の正装だ。寛政3（1791）年6月、江戸城内で11代将軍・家斉《いえなり》の上覧《じょうらん》相撲が行なわれたが、軍配は気合い勝ちで谷風。あいまいな結末に終わった。

雷電為右衛門《らいでんためえもん》は谷風の弟子で、197cm・170kg。17歳で角界入りし、初土俵で無敗の初優勝し、豪快な投げなどで観衆を沸かせた。勝率9割6分2厘の最強力士だが、上覧相撲の機会がなく〝横綱〟は張れなかった。

ちなみに巨漢力士の代表は釈迦ヶ嶽雲衛門《しゃかがだけくもえもん》で226cm・172kg。相撲は弱かったというが、それでも3回の場所で優勝相当の成績をあげている。

もう一つの大イベント・寺社開帳と見世物

全国各地の寺社出張イベント

江戸には数多くの寺社があり、縁日《えんにち》や開帳《かいちょう》が頻繁に催された。信心深くて縁起《えんぎ》担ぎの江戸庶民は、開帳となると先を争って神社仏閣へ参詣《さんけい》して御利益にあずかろうとした。

開帳とは秘仏や寺宝の一般公開で、江戸の寺社による〝居開帳《いがいちょう》〟のほかに、京都・奈良の有名寺院や地方の寺院が出張してくる〝出開帳《でがいちょう》〟があった。江戸の庶民も珍しい開帳を喜び、参拝したことを自慢のタネにした。

信州善光寺《ぜんこうじ》の阿弥陀如来《あみだにょらい》、成田山新勝寺《なりたさんしんしょうじ》の不動尊《ふどうそん》などが出開帳の〝定番〟で、ほかには、〝暑気払い〟の御利益があるとされて人気を集めた京都嵯峨清凉寺《さがせいりょうじ》の釈迦如来《しゃかにょらい》、伊豆国八丈島から運ばれた為朝地蔵尊《ためともじぞうそん》などがある。

また、文化《ぶんか》4（1807）年の幸手不動院《さってふどういん》（埼玉県幸手市）の不動尊出開帳では、山伏《やまぶし》100余名が素足で火中を歩く「大護摩《おおごま》」に見物が殺到し、負傷者が出るほどの騒動と

回向院の開帳

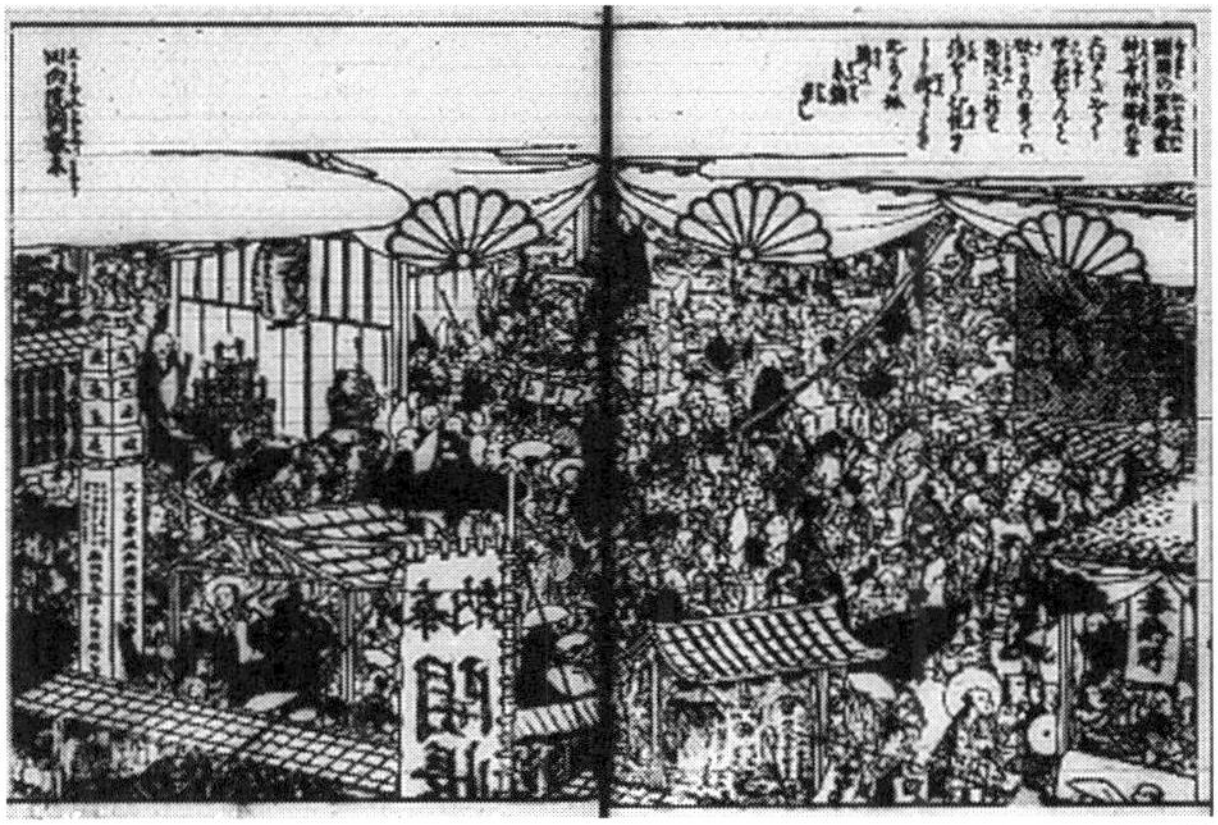

「江戸名所図会　回向院開帳参り」（国立国会図書館蔵）

なった。

開帳場周辺には臨時の飲食店が建ち並び、見世物・芸人が出て賑わう。こうして、不特定多数の群衆が集まる開帳場周辺の広小路《ひろこうじ》は、いわゆる〝盛り場〟となって発展した。

江戸両国橋《りょうごくばし》の東に明暦の大火の犠牲者の慰霊のため創建された回向院《えこういん》は、はじめ〝諸宗山無縁寺《しょしゅうざんむえんじ》回向院〟と呼ばれた。回向院近くの両国広小路、浅《せん》草寺《そうじ》奥山《おくやま》、上野《うえの》の山下広小路《やましたひろこうじ》が主な盛り場だったが、3点がほぼ正三角形を形成するのが興味深い。

また出開帳だけでなく、江戸は諸国の珍しい文物が集まる場でもあった。オランダ商館長の参府もあり、ゾウやラクダも来た。

宝暦《ほうれき》年間（1751〜64）以降、盛んに行なわれた物産会《ぶっさんえ》は、珍しい動植物や鉱物・産物を集めた見本市で、これも、人々の耳目を驚かせ、楽しませた。

現代と比較しても遜色ない江戸の豊かな服飾文化

衣服の基本は「小袖」と「羽織」

江戸庶民の基本となる衣服は〝小袖《こそで》〟だった。

戦国～江戸初期にかけて、袖口に大きな変化が見られた。腕を包む程度の幅だった〝筒《つつ》袖《そで》〟が、だんだんと広がって袂も長くなったのだ。脇を開けた「八《や》つ口《くち》」の工夫から、実用性よりファッション性重視の〝振袖《ふりそで》〟が出現し、享保《きょうほう》頃には何と2尺《しゃく》4～5寸《すん》（約90～95㎝）の振袖もあったという。倹約令の真っ只中だったはずなのだが……。

一般に、家事をする女性たちや商家の店員は、普段着と仕事着の区別がなく、動きやすい小袖に前掛姿で働いた。小袖の上には羽織《はおり》を着た。縮緬《ちりめん》、絹《きぬ》、絽《ろ》、麻《あさ》、木綿《もめん》、紬《つむぎ》など、さまざまな素材があり、女性の羽織が一般化したのは宝暦《ほうれき》年間（1751～64）に深川《ふかがわ》芸者がトレードマークとしてからという。

女性の帯は前で結ぶのが主流だったが、帯の幅が広がり、長さも増してくると、大きな

左端は水茶屋の看板娘で、着けている前垂はファッションのひとつ。右は裕福な町屋の親子連れの外出着（「浅草金龍山八境・待乳山」「高島おひさ」を元に作成）

結び目がじゃまになったので、横結びを経て文化《ぶんか》・文政《ぶんせい》年間（1804～30）の頃から後で結ぶようになった。後帯の歴史は意外に浅いのだ。

江戸歌舞伎女形の二世瀬川菊之丞《せがわきくのじょう》が一世を風靡《ふうび》した当時、舞台で用いた〝路考《ろこう》結び〟は大流行した。菊之丞は通称を王子《おうじ》路考といい、イメージカラーの路考茶、ヘアスタイルの路考櫛、路考髷《まげ》などもはやらせたファッションリーダーだった。江戸亀戸天神《かめいどてんじん》の太鼓橋《たいこばし》が再建された文化《ぶんか》10（1814）年、路考結びのほどけやすさを補うため扱《しごき》を使った帯留《おびどめ》が考案された。御太鼓結《おたいこむすび》の起源である。

さて、小袖は職人仕事には向かないので、職人の世界にはまた独特の風俗が生まれた。

紺《こん》の腹掛《はらがけ》、股引《ももひき》、印半纏《しるしばんてん》の3点セットに三尺帯、豆絞《まめしぼり》の手拭で捻《ねじり》鉢巻キリリと巻く。寒い季節は半纏を2枚羽織《はお》った。

高級料亭から大食い戦士まで――大江戸グルメ事情

宴会を経費で落とす留守居役

江戸の外食産業は、浅草寺《せんそうじ》門前で、茶飯・豆腐汁・煮しめなどのセットメニューを「奈《な》良茶《らちゃ》」と称して売り出したことに始まる。奈良の寺僧たちの食事をまねた、いわば〝定食〟の元祖だ。

享保《きょうほう》（1716～35）末頃に登場した「五匁料理《ごもんめりょうり》」は、銀5匁（約8千円）で2汁5菜のコース料理。これが大ヒットで料理茶屋《りょうりぢゃや》がどっと増え、やがて高級化する。明和の頃、深川洲崎《ふかがわすざき》（江東区）に開店した「升屋《ますや》」がその第1号で、手の込んだ料理と多人数で利用できる広い座敷が売り物だった。数寄《すき》を凝らした立派な店構えがウケて、たちまち諸藩の留守居役《るすいやく》会合の定席となり〝留守居茶屋〟の異名をとる。

大坂で出版された観光ガイド『江戸買物独案内《えどかいものひとりあんない》』が、当時の料理茶屋の代表とした浅《あさ》草新鳥越《くさしんとりごえ》（台東区）の「八百善《やおぜん》」にはこんな逸話がある。

江戸のグルメ

グルメの供宴が行なわれていた「八百善」の様子（「江戸高名会亭尽・山谷」を元に作成）

春の日、酔客らが「極上の茶で茶漬を」とオーダーしたら、半日ほども待たされた。さらさらッとたいらげて、勘定を問うと1両《りょう》2分《ぶ》（15万円）との答え——客の苦情に亭主は平然と、「玉川《たまがわ》まで早飛《はやび》脚《きゃく》を飛ばし、極上の茶に合う水を汲んで参りましたもので」と返した。

高級料亭の強気な商売ぶりが目に浮かぶ。

初物や走物《はしりもの》のブーム、ブランド志向も根強かった。握り鮨《ずし》なら、無論タネは江戸前で、飯は稲田《いなだ》堤《づつみ》（神奈川県）の幸蔵米《こうぞうまい》、酢は尾張（愛知県）の半田《はんだ》産に限る……という具合だ。

〝大食い戦士〟もすでにいた。文化14（1817）年3月23日、両国柳橋（台東区）の料理茶屋「万八《まんはち》」で催された〝大食会〟「飯の部」優勝者は三右衛門《さんえもん》（41歳）という男で、香の物と醤油《しょうゆ》2合で、68杯の飯をたいらげた。

治安維持の役割もあった吉原の本当の姿とは？

〝男だらけの江戸〟に遊廓誕生

開府直後の江戸は〝男だらけ〟の都市だった。天下普請《てんかぶしん》で大名《だいみょう》家の家臣が単身で大勢やってきたほか、各地から諸職人や人夫が集まった。汗臭い光景がそこに現出していたのだ。

この状況に目をつけて店を開けた遊女屋《ゆうじょや》はどこも大繁盛である。やがて、庄司甚右衛門《しょうじじんえもん》が遊廓開設の許可を願い出る。幕府としても、散在しているより1カ所のほうが管理しやすいというので、これに乗ったのだ。

日本橋葺屋町《にほんばしふきやちょう》（中央区）の東に周囲を堀で囲んだ郭《くるわ》を造成し、出入口は「大門《おおもん》」1カ所のみ。元和《げんな》4（1618）年11月、吉原遊廓《よしわらゆうかく》の誕生である。その後、明暦《めいれき》3（1657）年の「振袖火事《ふりそでかじ》」で全焼し、浅草寺《せんそうじ》裏の日本堤《にほんづつみ》（台東区）へと移転している。時代によって違うが、遊女の数は最盛期で4～5千人という。

吉原の花魁《おいらん》

『東錦絵』（作者不詳）より。吉原花魁の華やかさが見て取れる（国立国会図書館蔵）

それ以降も、単身赴任者が多い江戸は、男性人口が女性より圧倒的に多かった。幕府は、吉原をシステムとして市政に取り込み、人心安定・治安維持に利用していたのだ。

吉原の女性は6〜7歳で妓《ぎ》楼《ろう》へ〝奉公〟に出る。人身売買は厳禁だから、遊女も〝年季奉公〟扱いだった。姉女郎の指導を受けて成長し、選ばれた者は太《た》夫《ゆう》（高級遊女）への道を歩む。他の者も14〜16歳で客を取り、25歳くらいまで勤める。これを〝二《に》十《じゅう》五《ご》明《あけ》〟という。

太夫は、美貌の上、舞踊・音曲や茶の湯・生け花などを修め、文学や芸術全般にわたる教養を身につけていた。現代の一流ホステスにも例えられるが、接客業であると同時に、芸能人であり、文化人だった。ファッションリーダーであり、トップスターだったのである。

庶民には無縁の「揚屋遊び」

こうした高級遊女を相方《あいかた》にしようとする客は「揚屋《あげや》」の座敷に芸者や幇間《たいこもち》を呼んで盛大な宴《うたげ》を催す。女将や遣手《やりて》と呼ばれる老女が挨拶《あいさつ》に出てくるが、これは客が〝通《つう》〟か〝野暮《やぼ》〟かの品定めするためだ。

その後で妓楼に「揚屋差紙《あげやさしがみ》」を届ける。これは、客の〝身上書〟と〝遊女借り受け願書〟を兼ねたものだ。

ご指名の遊女は、若い衆を先触《さきぶれ》に、禿《かむろ》（幼女）、新造《しんぞ》（若い遊女）を従えて揚屋へ向かう。この行列を「道中《どうちゅう》」という。客は上座を空けて待っているが、選択権はあくまでも遊女にあり、気に染まなければとっとと帰る。

気に入れば「夫婦固《めおとがた》めの盃《さかずき》」を交わしてめでたく〝初会《しょかい》〟が終了する。揚代（1両～1両2分）、酒食代金、周囲への祝儀で、計85～100万円くらいかかる。

2度目は〝裏を返す〟といい、同じことが繰り返される。遊女は黙って座っているだけ。面白くもなんともないが〝お会計〟は初会と同じだ。しかも、吉原には年中行事が3～4日に1度はあり、その「紋日《もんび》」に当たると祝儀は倍払いという非情のルールがあった。

3度目に登楼して〝馴染《なじみ》〟と認められ、ようやく夫婦と同じことができる。ただし、浮気が発覚するとただですまないのも夫婦と同じで、公衆の面前で土下座をさせられた。

これが〝吉原らしさ〟を謳《うた》われた「揚屋遊び」だが、〝お大尽《だいじん》〟でもなければ手に余る。

意外！　女性もくぐった吉原大門

しかし、不況が長引くうちに、吉原も変化を余儀なくされ、宝暦《ほうれき》11（1761）年以降は、太夫を名乗る遊女はいなくなってしまった。代わって台頭したのが「散茶女郎《さんちゃじょろう》」と呼ばれた気さくな中・下級遊女である。

火災被害による〝仮宅《かりたく》〟も吉原大衆化を促進した。

焼け出された妓楼は、仮設店舗で臨時営業する。そこでは客にカタいことも言えず、しきたりも一切省略。そのため、普段は馬鹿にされる〝浅黄裏《あさぎうら》〟（参勤交代で江戸に滞在中の田舎侍）なども堂々と登楼した。

寛延《かんえん》3（1750）年以降、吉原では、毎年、新しい桜を植え付けることが慣例化し、夜桜の名所ともなった。市中の女性たちも大門をくぐり、花見を楽しんだという。

もともと江戸市民にとって、吉原は決して蔑視の対象ではなかった。遊女にも遊女の誇りがあり、江戸という特殊な都市で重要な役割をはたしていた存在だった。

〝苦界《くがい》〟という定義からしばし離れ、開放的で明るいイメージをもって吉原という異空間を捉えることも可能なのではないだろうか。

身分を越えて会話が弾んだ 湯屋と髪結床

銭湯は自由で快適な平等空間

江戸では自宅に風呂がないのが当たり前だ。理由の第一は水不足である。貴重な水道水を個人で大量に使うのは恐れ多い。第二は火の用心、第三は燃料などが高かったせいだ。だから、長屋はもちろん、富裕な町屋も、武家屋敷にも風呂場はなかった。そこで、身分や職業の別なく、誰もが銭湯へ出かけた。

湯屋の軒先には必ず弓と矢の看板がある。「弓射る」と「湯に入る」の語呂合わせだ。寛永《かんえい》（1624～44）頃から150年間、料金は大人6文《もん》／子供4文で変わらなかった。1文＝25円の単純換算で150円／100円。もっとも幕末には多少値上がりした。

体は米糠《こめぬか》を入れた袋で洗い、これを〝紅葉袋《もみじぶくろ》〟と称する。熱気を逃がさないため、洗い場と浴槽の間は柘榴口《ざくろぐち》で仕切られ、ここから身を屈めて入る。中は暗いので、後から入る者は、「冷物《ひえもの》で御座《ござ》い」と挨拶するのが礼儀だった。

髪結床と湯屋

上：湯屋の様子（「浮世風呂」を元に作成）
左：髪結床の様子（「浮世床」を元に作成）

髪結《かみゆい》は自宅営業の〝内床《うちどこ》〟、臨時の小屋で営業する〝出床《でどこ》〟、商家など得意先に出向く〝場所廻り《ばしょまわ》〟があった。

場所廻りは4〜5日に1回商家に出張して、主人は月200文、手代《てだい》や丁稚《でっち》はその半額。

内床や出床は1回28文という時代が長く、これもリーズナブルだ。今でいう〝千円カット〟の感覚だろう。

それで月代《さかやき》やヒゲも剃《そ》る。腕が良くて話もうまい〝カリスマ美容師〟は大人気だったが、もちろん電話予約などはない。

「こんやのあさつてかみゆひたつた今」

紺屋の「明後日納品します」と同じように髪結の「たった今」は当てにならぬという川柳だが、のんびり待つ時間に、江戸庶民の貴重なコミュニケーションが生まれたのである。

天下祭と川開きを盛り上げた江戸っ子気質とは？

江戸っ子が誇りとした二大祭

江戸の〝天下祭《てんかまつり》〟とは、山王権現社《さんのうごんげんしゃ》（現・日枝神社《ひえじんじゃ》／千代田区）の祭礼と神田明神社《かんだみょうじんじゃ》（千代田区）の祭礼を指す。

さて、家康が勧請した山王権現が武士の崇敬を集めたのに対し、神田明神はもともと反逆者・平将門《たいらのまさかど》の怨霊を鎮魂する神社である。「山王様はお城の鎮守、将門様は江戸庶民＝弱者の守り神」、また「神田川を境に北側の町々が神田明神、南西側が山王権現の氏子」というライバル意識が、これらの祭を盛り上げた。

町人の武士への反発心も時として爆発し、明和《めいわ》３（１７６６）年の神田祭では、行列が水戸家の大名行列と衝突する事件も起きた。

両国川開《りょうごくかわびら》きの花火は毎年5月28日（旧暦）。その夜から3カ月間が隅田川の船遊びシーズンで、屋形船や屋根船で夕涼みを楽しむ。夜空に咲く大花火の競演は、その幕開けを飾

両国の花火

屋形船と花火。江戸の文化が今日まで続いている

るにふさわしい一大イベントだった。

この花火にも吉宗《よしむね》が一枚かんでいる。「享保《きょうほう》の大飢饉《ききん》」が全国を襲い、江戸に疫病が流行した際、幕府が祈祷《きとう》と慰霊のために臨時の〝水神祭《すいじんさい》〟を開催させた。このときに川施餓鬼《かわせがき》として花火を打ち上げたのが最初という。

きっかけは暗いが、その後は明るく発展した。富裕な町人は競い合って大枚をはたき、花火のスポンサーになった。花火屋の「玉屋」と「鍵屋」は大儲けである。

「ここに来て金はをしまじ両国の橋のつめには火をともせとも」

美しいが儚《はかな》い花火に江戸の人々は自らの心意気を託した。

祭と花火は一瞬の美を尊ぶ江戸っ子気質の象徴にほかならなかった。

大ブームが起きた庶民の旅行事情

3泊4日の定番コース〝成田詣〟

江戸時代の旅行というと最初に思い浮かぶのが〝関所〟である。「入り鉄砲に出女」と暗記した頭には、日本全国至るところに関所がありコワモテの関所番が人々の通行に目を光らせて——というイメージが焼きついている。

しかし、最近では当時の旅行が比較的自由だったことが知られてきた。「往来切手《おうらいきって》」というパスポートと「関所手形《せきしょてがた》」さえ持っていれば、とがめられることはまずなかった。

江戸庶民の主要なレジャー先は成田山《なりたさん》（千葉県）や大山《おおやま》・江《え》の島《しま》（神奈川県）辺りだが、だいたい江戸から直線距離で50～60㎞圏内だ。健脚だった当時の人々なら、山道や迂回路があってもだいたい往復3泊4日とちょうど良い距離だったので人気の旅行コースだった。

成田詣の代表的なルートは、朝の4時に日本橋を発ち、深川高橋《ふかがわたかばし》から行徳《ぎょうとく》まで舟に乗り、船橋《ふなばし》で1泊、翌日に大和田《おおわだ》から佐倉《さくら》へと歩いて成田で1泊、翌朝のうちに新勝寺《しんしょうじ》参《さん》

旅のスタイル

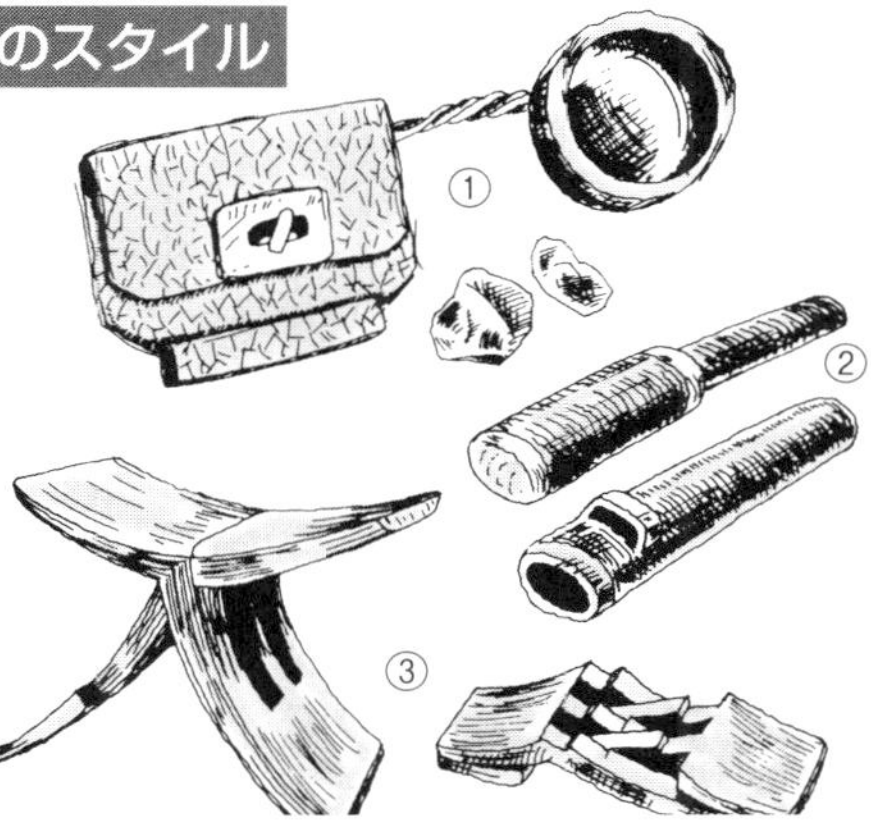

一般的な旅姿。①は携帯用の火打ち道具。②は「銭刀」で、内部は空洞になっていて貨幣を隠せるようになっている。また、③は携帯用の枕で、右側が折りたたんだところ

詣《けい》をすませ、船橋まで戻って1泊というもの。

最も大きな出費となる宿賃は1泊150〜200文《もん》。これに渡し船の代金や食事代・土産物代を足しても、銀10匁《もんめ》ほどで行ってこれる。大工の稼ぎ2日分にあたるが、このくらいなら借金だってできただろう。

さて『東海道中膝栗毛《とうかいどうちゅうひざくりげ》』が大ベストセラーとなった文化《ぶんか》・文政《ぶんせい》年間（1804〜30）には、庶民に一大旅行ブームが巻き起こった。定番の成田《なりた》や大《おお》山《やま》・江《え》の島《しま》に飽き足らず、箱根《はこね》・熱海《あたみ》などへの温泉旅行、善光寺《ぜんこうじ》参り、富士参詣と行動半径が広がり、もっと長距離の大旅行へ出かける者も増えてきた。

伊勢参りや金毘羅《こんぴら》参りなどがその代表だが、長期旅行を可能にした理由の一つが「代参講《だいさんこう》」の普及である。これは、会員が旅費を積み立て、くじ引で決めた代表者を遠方の神社仏閣へ送り出すというシス

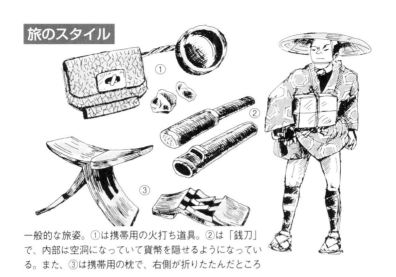

テムで、代参者はほかの会員に御札《おふだ》などをもらってくる。運良く当たれば生涯一度の経験ができるということで、各所にこうした講が成立して人気を集めた。

当時の長距離旅行の実態を示すためによく引かれる「伊勢参宮覚《いせさんぐうおぼえ》」という史料がある。これは、江戸郊外の武蔵国荏原郡喜多見《むさしのくにえばらぐんきたみ》（現・世田谷区）の田中家に伝わる農民・国三郎《くにさぶろう》の旅行記録だ。弘化《こうか》2（1845）年1月22日、当時24歳の国三郎は、村人33人から餞別《せんべつ》の金1両《りょう》2朱《しゅ》と銭5貫《かん》600文《もん》を貰って出発する。

これが伊勢講によるものなのかどうかははっきりしないが、餞別《せんべつ》が現代の金に換算して20万円以上とかなりの金額なので、村の代表に選ばれて参詣したことは確かだろう。

国三郎の旅程で興味深いのは『東海道中膝栗毛』を参考にしたことがうかがえる点だ。まず15文を払って六郷《ろくごう》の渡しを渡り、河崎宿《かわさきじゅく》（現川崎市）の「万年屋《まんねんや》」で昼食をとっている。注文したのはおそらく名物の「奈良茶飯《ならちゃめし》」だったはずだ。これは店の様子と共に天保《てんぽう》5（1834）年刊の『江戸名所図会《えどめいしょずえ》』にも紹介されており、弥次喜多も食べている。

1泊目は戸塚宿《とつかじゅく》だが、これも弥次喜多と同じ。宿賃は200文。その後の宿泊先などには異同がある（弥次喜多が失敗した宿場はわざと避けたのかもしれない）が、伊勢参詣後、奈良・大坂から足を延ばして讃岐国金毘羅宮《さぬきのくにこんぴらぐう》（香川県）に詣《もう》で、宮島《みやじま》（広島県）に渡り、周辺の名所を観光して大坂へ戻る。以下、京都の諸寺巡り、中山道経由で善光寺参りもして高《たか》

江戸の三大旅行図

崎《さき》から帰村というコースは『膝栗毛』の続編とほぼ同じなのである。

86泊――3カ月にわたる大旅行で路銀《ろぎん》の総額は金5両2分余り。1両＝10万円の換算で55万円だった。もしこの金額を銭で持って出たとしたら１００kg近い重量になり、徒歩旅行どころではないが、この頃には小さく軽い一分金や二朱金が普及し、必要に応じて宿場で両替できる体制が整っていた。これが、長期旅行ブームのもう一方の理由だった。

大坂商人・松尾甚四郎《まつおじんしろう》らが始めた優良旅館の指定組合「浪花講《なにわこう》」なども定着し、女性も安心して旅ができる時代を迎えていた。

国三郎の旅行はかなりリッチで、駕籠や馬を使ったり、大坂市中や観光地では案内のガイド役まで雇っている。贅沢《ぜいたく》をしなければ、もっと安く上げることもできたということだ。

コラム

充実していた江戸の情報源

江戸の市民は、豊富な情報源を持っていた。1枚ものの印刷物としては「読売《よみうり》」がある。ビジュアル重視の木板方式と、速報性が売りの瓦板方式があって、後には後者が主流となった。

現代の号外というより雑誌に近く、災害の被害状況や事件の裏話などを詳しく知りたい場合にお金を出して「読売」を買うのが一般的だった。

内容も、初めは仇討《かたきうち》や珍談奇談の類が多かったが、幕末になると時事・政治的なものが増えていった。

印刷物としては「番付《ばんづけ》」もあった。相撲や芝居の番付が寛政《かんせい》年間（1789～1801）頃から盛んに作られるようになり、それが次第に多様化して、有名人の評判、各地の名所旧跡や名物案内、社会諷刺《ふうし》などを伝えるメディアへと発展していった。これらを「見立《みたて》番付」と称する。

しかし、江戸で情報伝達の中心となっていたのは、やはり何といっても噂《うわさ》話や口コミだった。銭湯や髪結床《かみゆいどこ》を媒体として伝わる情報は、意外に正確で伝播力に富むものだった。地方を回る行商人などがもたらすローカルニュースも、口伝えで江戸中に広まっていった。

江戸時代後期～幕末の古本屋・藤岡屋由蔵《ふじおかやよしぞう》という人は、こうした市井の噂や風聞を克明に記録した日記をつけ、希望者には有料で検索・閲覧させたという。新聞データベースの元祖だ。

「本由は人の噂で飯を食ひ」の川柳は、文化元（1804）年から慶応《けいおう》4（1868）年まで書き続けられた『藤岡屋日記』で、江戸後期～幕末・維新期を知るための第一級史料である。

第六章

江戸を揺るがせた大事件簿

火事と喧嘩は江戸の華

市中を焼き尽くした10回の大火事

〝火災記録〟だらけの『年表』

江戸の町名主《まちなぬし》・斎藤月岑《さいとうげっしん》の市井《しせい》の事件簿『武江年表《ぶこうねんぴょう》』を眺めていると、火災記事に多くの筆が費やされていることにまず驚かされる。

名主というより、消防署の記録係が本職だったのではないかと思うほど、斎藤月岑は風向きや焼失地域を事細かに記している。

正確に数えたわけではないが、ほぼ毎年3〜4回は記載されているから、江戸時代を通じておよそ1千回は複数の町を焼く火事が起こったという勘定だろう。向う3軒両隣程度の火事は日常茶飯事だったと考えられる。

さて、その中で市街の広域に及んだ大火災が10回ある。

明暦《めいれき》3(1657)年の〝明暦の大火〟――いわゆる「振袖《ふりそで》火事《かじ》」、天和《てんな》2(1682)年「お七《しち》火事《かじ》」、元禄《げんろく》11(1698)年「勅額《ちょくがく》火事《かじ》」、元禄16(1703)年「水戸《みと》様《さま》火《か》

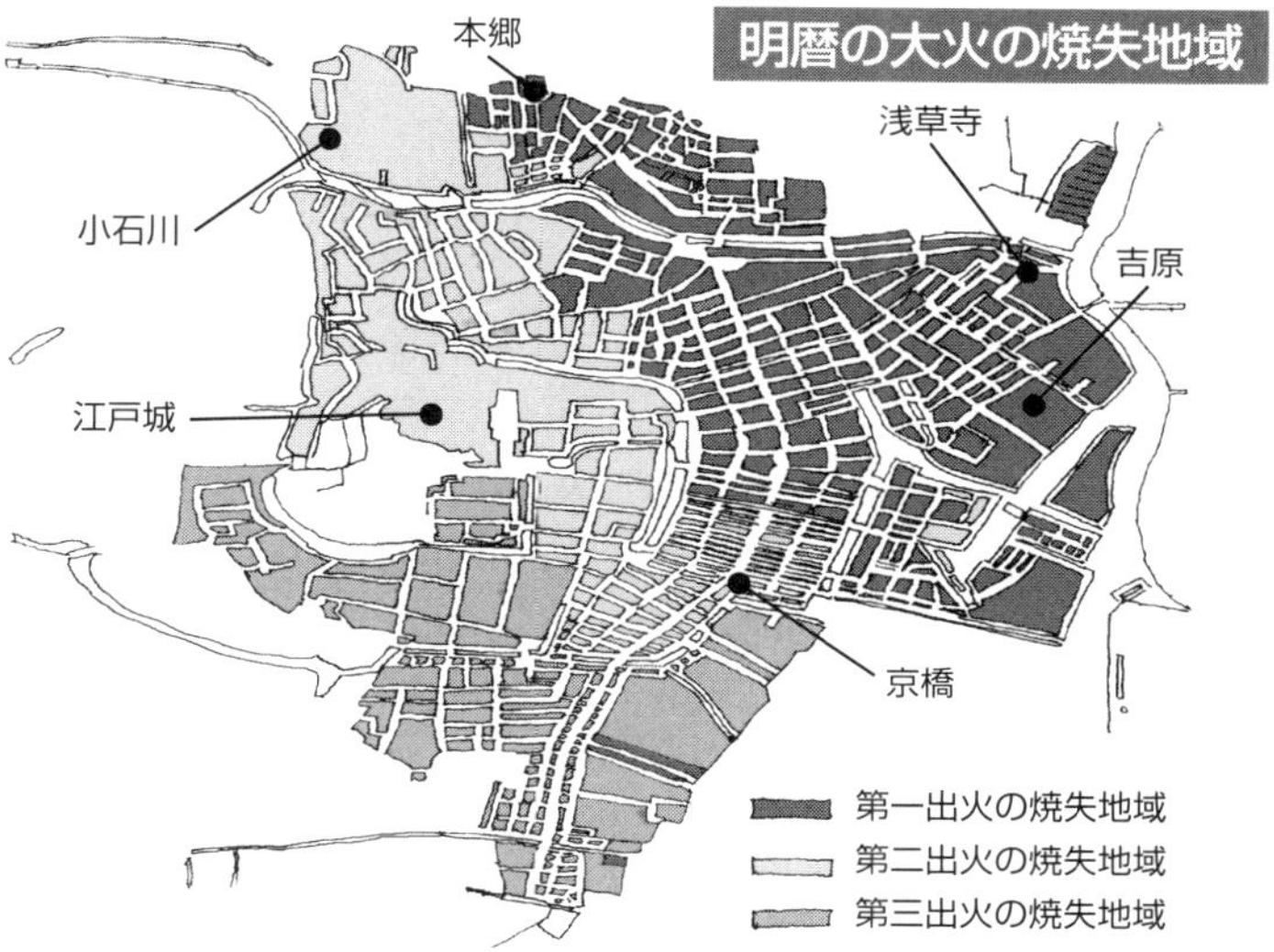

事《じ》」、享保《きょうほう》2（1717）年「小石川馬場火事《こいしかわばばかじ》」、明和《めいわ》9（1772）年「目黒行人坂火事《めぐろぎょうにんざかかじ》」、寛政《かんせい》6（1794）年「桜田火事《さくらだかじ》」、文化《ぶんか》3（1806）年「車町火事《くるまちょうかじ》」、文政《ぶんせい》12（1829）年「佐久間町火事《さくまちょうかじ》」、そして安政《あんせい》2（1855）年の「安政江戸大地震《えどおおじしん》」による火災である。

最初の「振袖火事」は、江戸時代を通じて最大の火災であり、幕府の都市計画を構造的に変えた事件として歴史に残っている。

その年の正月、同じ振袖に手を通した娘3人が相次いで病死したため、江戸本郷丸山町《ほんごうまるやまちょう》（文京区）の本妙寺《ほんみょうじ》で不吉な振袖を焼き捨てようとしたところ、火の粉と共に舞い上がって寺の本堂へと燃え移った。それが、建設間もない市街地の大半を焼き尽くす猛火に発展したのだという。

火は2日間にわたって燃え続け、江戸城の本丸御殿と天守閣が全焼したほか、大名・旗本屋敷1千200以上、寺社350余が焼失、町方の被害はさらにひどく、死者は総計10万7千人以上であった。

幕府は、100万両を投じて本丸御殿《ごてん》を修築し、直ちに城と市街地の復興に取り組んだ。この火事を契機に都市計画の見直しが図られ、江戸城の周辺に固まっていた大名屋敷や寺社を郊外へ移転し、上野広小路《うえのひろこうじ》など各所に火除地《ひよけち》（延焼を防ぐための空地）を設けた。また、隅田川《すみだがわ》に両国橋《りょうごくばし》を架けて本所《ほんじょ》や深川《ふかがわ》に造成した埋立地を町方の避難所とした。

〝火竜〟の通り道となった下町

急ピッチで復興された江戸は、こうして面目を一新したが、江戸城や武家地の防火対策が優先された結果、肝心な町地の配置は大火前とほとんど変わらないままだった。

江戸の火事が大きくなる原因は冬の強い北西風と南西風であるが、密集して南北に細長く延びた下町は、その後も火の通り道としてマイナスに機能し続ける。

「目黒行人坂火事」の時は、吹き上げる南西風が被害を大きくした。火元の目黒（目黒区）大円寺《だいえんじ》から、千住《せんじゅ》までを一気に駆け昇った〝火竜〟が猛威を揮い、死者・行方不明者は合わせて2万人を超えたという。

火事が醸成した〝江戸っ子気質〟

これほど火事被害が連続した江戸を、自分たちの住む場所として、町民たちはどのように受けとめていたのだろうか。

身代を失って倒産、悲嘆にくれる商家なども多くあっただろうが、反面、長屋住まいの一般庶民は意外に平気な顔をしていたようだ。

長屋はしょせん借物だから、焼け出されても家主《いえぬし》に建て直してもらえばいい。もともと九尺二間《くしゃくにけん》のワンルームに持ち出す家財など置いていないから、身一つでいつでも逃げ出せる。運良く命さえ助かれば、火災後の復興景気で日雇の仕事にもありつける。

〝宵《よい》越しの銭は持たない〟江戸っ子気質とは、頻発する火事が醸成したものだったと見ることもできる。蓄財などどうせ無駄なのである。

貧乏人は貧乏人なりに気楽なその日暮らしを楽しみ、火災後に実入りの良くなる大工・職人たちも次の火事を当てにしてその日の稼ぎを使いはたした。それかあらぬか放火も後を絶たなかったという。火消しの鳶職人《とびしょくにん》が火事を大きくしていたという話さえある。

そんなこんなで、江戸の町民たちはすっかり火事慣れしていた。当時の江戸は、人口も物価も災害もおそらく世界一だったはずだが、住人たち自身はそれをかえって誇りとし、悲惨な火事を〝江戸の華〟とまで称したのだ。

江戸庶民の生活を苦しめた富士山と浅間山の大噴火

624年ぶりの富士山噴火

宝永《ほうえい》4（1707）年11月23日午前10時頃、富士山が大噴火した。平安中期以来、大規模な噴火はじつに624年ぶりである。長い沈黙を破ってのこの噴火は、有史このかた最大級のもの。このとき宝永山《ほうえいざん》が誕生している。

山麓の須走村《すばしりむら》は壊滅し、大量の噴出物が高空に打ち上げられた。儒学者・新井白石《あらいはくせき》の回想記『折《おり》たく柴《しば》の記《き》』は、南西方向に黒雲が湧く中を稲妻が閃《ひらめ》き、午後からは江戸にも雪のような白い火山灰が降ってきたと記録している。25日には黒い灰が降った。後に描かれた浮世絵風景画を見てもわかるように、今と違い、富士山は江戸の町から間近に望める存在だった。また、古くから信仰の対象とされてきた霊峰でもあった。

この時の噴火による降灰は、関東各地の川底に堆積して、水害の原因にもなった。

天明《てんめい》3（1783）年7月6日～8日には、浅間山《あさまやま》が大噴火した。火砕流が鎌原村《かんばらむら》（群馬

富士山

『東海道六郷渡風景』（五雲亭貞秀、貞秀）より、川崎宿から望む富士山。宝永の大噴火前、慶応年間に描かれた（国立国会図書館蔵）

県嬬恋村《つまごいむら》）を埋没させ、日本の火山災害として最大とされる。終結時に流れ出た溶岩流の跡が、今見られる「鬼押出《おにおしだし》」である。

〝浅間焼《あさまやけ》〟と呼ばれたこの大噴火も、直接には江戸市街に大被害をもたらしたわけではない。ただ、火砕流や降灰、そしてそれによる水害などが、関東北部と周辺の農村地帯にほぼ壊滅的な打撃を与えた。

江戸は、それら生産農家に依存する大消費地だ。すなわち、噴火による凶作は物価の急騰に直結し、江戸庶民の生活を脅かすことになる。

その秋、米価は5割以上も値上がりした。春には1両《りょう》で6斗《と》3升《しょう》の米が買えたが、9月には4斗2升しか買えない。時の老中・田沼意次《たぬまおきつぐ》（65歳）は、御救い小屋で窮民に1日3合《ごう》の米を配給すると共に、米の江戸緊急廻送令を発してなんとかこの危機を乗り切った。

台風の水害と闘った人口密集地帯の下町

台風と洪水で死者5千人

江戸は、ほぼ毎年、台風に襲われた。暴風雨で荒川《あらがわ》や隅田川《すみだがわ》などの河川が氾濫《はんらん》すれば、埋立で造成された人口密集地帯の下町は、たちまち大きな水害に見舞われた。

最大といわれるのが、寛保《かんぽう》2（1742）年8月の大洪水である。関東地方南部が暴風圏に入った1日は、繋留中の船が破損した程度だったが、2日夜から3日にかけて豪雨となり、隅田川が一気に増水した。両国橋《りょうごくばし》、新大橋《しんおおはし》、永代橋《えいたいばし》が被害を受け、とうとう白鬚《しらひげ》橋《ばし》、綾瀬《あやせ》・千住《せんじゅ》（足立区）辺の堤防が決壊する。

洪水のピークは5日で、深川《ふかがわ》（江東区）、本所《ほんじょ》・亀戸《かめいど》（墨田区）などに大きな被害が出た。

だが、本番はその後だった。台風は8日に再び襲来し、まだ水の引かない地域をいっそう増水させ、神田川《かんだがわ》の決壊で牛込《うしごめ》・小石川《こいしかわ》（文京区）辺まで洪水が広がってしまった。2度の台風襲来により、本所で約3千人、葛西《かさい》（江戸川区）で約2千人の死者が出たのである。

江戸時代の水害の様子

特に人口密集地帯の下町は台風と水害に弱かった（「越辺川通入間郡赤尾村出水之図」を元に作成）

ここで人命救助に大活躍したのが町方の救助船だ。町々は5日から12日まで延べ数百艘《そう》に上る舟を出して3千人以上の人を助け出している。台風再来の8・9日も、救助活動は風雨をついて実施された。手漕ぎの川舟での救出は決死の覚悟だった。

さて、ほぼ50年後の寛政《かんせい》3（1791）年に、江戸を襲った台風・洪水もひどかった。その年の8月5・6日、まず、関東全域が暴風雨圏に入り、相《さが》模《み》・小田原《おだわら》（神奈川県）から江戸湾にかけての沿岸部・河川敷が打撃を受ける。

本所・深川周辺の洪水が深刻となる中、台風は9月4日に再来し、高潮で深川・洲崎《すざき》辺の入船町《いりぶねちょう》・行《ぎょう》久《きゅう》右衛《え》門町《もんちょう》などは街区ごと波にさらわれた。行徳塩田《とくえんでん》（千葉県市川市《いちかわし》）も壊滅状態となっている。

〝火〟ばかりではなく、〝水〟もまた江戸の町の天敵というべき存在だった。

1万人以上の死傷者が出た安政の江戸大地震

江戸を襲った直下型地震

安政《あんせい》2（1855）年10月2日、夜四ツ時（午後10時頃）に、江戸を大地震が襲った。

当代一の名優として知られる三代目・中村仲蔵《なかむらなかぞう》（47）は、両国《りょうごく》（墨田区）の料理茶屋《りょうりぢゃや》で地震に遭遇し、後に自著でこの時のことを「歩行が自由にならなかった」と回想している。

同じ時、水戸藩改革派のリーダー・藤田東湖《ふじたとうこ》（55歳）は小石川《こいしかわ》（文京区）の藩邸にいた。東湖は激しく崩れ落ちる建物から逃れられず、無残な圧死を遂げた。

また、吉原《よしわら》（台東区）では唯一の逃げ道である大門《おおもん》近くで火災が発生し、1千人近い客と遊女が犠牲となった。

「安政江戸大地震《あんせいえどおおじしん》」はマグニチュード7前後の直下型地震だったという。即死者約4千人、負傷者約3千人、倒壊家屋1万4千戸以上。震源は、最近の研究で千葉県の我孫子《あびこ》・柏市《かしわし》付近と解明された。

江戸大地震

『江戸大地震之絵図』より「安政二年江戸大地震火事場の図」（上）。地震による火事のすさまじさが伝わってくる。同じく「鯰筆を震」（左）。江戸大地震の後、地震除けの護符としてナマズの絵が人気となった（国立国会図書館蔵）

地震が発生した直後から各所で火の手があがったが、幸いに北風が弱く、市中を焼き尽くすほどの大火とはならなかった。

大正12（1923）年の関東大震災と比較すると、焼失面積は約6％程度にとどまったという。

しかし、火災による被害も多く、地震による直接被害と合わせて、1万人以上の死傷者と2万戸以上の家屋被害が出たものと推測される。

この地震は、江戸における最大の自然災害であり、他国にも大きな衝撃を与えた〝事件〟だった。市中は壊滅状態となり、死傷者数十万人という噂《うわさ》も飛び交った。

直ちに「御救《おすく》い小屋」の設置が指示され、市街の復旧工事も始まったが、弱体化した幕府に往年のリーダーシップはなく、救済・復旧の事業はもっぱら民衆主導で推進された。

家康の野望に端を発した切支丹への徹底弾圧

〝日本の神〟と〝キリスト教の神〟

江戸幕府が正式に〝切支丹追放令《キリシタンついほうれい》〟を公布したのは慶長《けいちょう》18（1613）年のことだった。理由は「日本の神仏とキリスト教の神が異質である」点に集約された。幕府の切支丹弾圧政策は、やがて追放から処刑へとエスカレートしていった。元和《げんな》9（1623）年、家光《いえみつ》が20歳で3代将軍に就任した折、江戸で布教活動を行なっていた切支丹地下組織が摘発された。

家光は直ちに捕縛者の処刑を命じ、10月13日、イエズス会のアンジェリス神父（56歳）、元幕臣の原主水《はらもんど》（37歳）ら信徒数十人（諸説あるがおそらく50人以上）が、江戸高輪札《たかなわふだ》の辻《つじ》（港区）で火刑に処された。

物心ついた頃からキリスト教を〝邪教〟〝悪〟と教えこまれて育った家光の目に、彼らはすでに人間とは映っていなかったのだろうか。

原城跡

島原の乱の舞台となった原城跡

　これを境に、家光はいわゆる〝鎖国《さこく》〟政策を進め、同時に切支丹弾圧の徹底を全国に発令した。処刑法は火刑が中心で、信徒たちはこの時期を〝火あぶり時代〟と呼んだ。

　特に厳重な取締を指示されたのが、島原藩《しまばらはん》（長崎県）藩主・松倉勝家《まつくらかついえ》と唐津藩《からつはん》（佐賀県）藩主・寺沢堅《てらさわかた》高《たか》の両名であった。

　勝家の父・重政《しげまさ》は、信徒を雲仙岳《うんぜんだけ》の硫気孔《りゅうきこう》に投げ込んで殺す〝地獄責《じごくぜ》め〟の創案者だ。2人は、家光の意に沿おうと、競い合って領内切支丹を弾圧した。

　寛永《かんえい》14（1637）年秋、島原と唐津藩領天草《あまくさ》で蜂起が相次ぐ。苛政にあえぐ農民とキリスト教徒が合流した「島原《しまばら》の乱《らん》」の勃発である。

　家光は乱を引き起こしたのが自分自身だと気づいただろうか……。

未遂に終わった叛乱計画
——由井正雪の乱

浪人救済の叛乱計画

慶安《けいあん》4（1651）年7月に発覚した「慶安事件」は〝由井正雪《ゆいしょうせつ》の乱《らん》〟として有名だ。由井正雪（47歳）が駿府《すんぷ》（静岡県）久能山《くのうさん》に眠る数百万両という家康の遺産を押さえ、江戸で丸橋忠弥《まるばしちゅうや》らが幕府火薬庫に放火。混乱の中、江戸城から将軍・家綱《いえつな》（11歳）を奪取。幼い将軍を人質として京・大坂でも挙兵という、なんともダイナミックな叛乱《はんらん》計画だった。

乱の目的は、増え続ける浪人の救済である。3代将軍・家光《いえみつ》の時代だけで60件近い大名家の取り潰しや減封処分があり、その間の収公総額は416万石余りに上った。

会社に例えれば倒産や規模縮小だから、当然、失業者が発生するが、再就職先はない。この慶安事件直前には「これで浪人を救ってくれ」と、幕府に領地返上を申し出た松《まつ》平定政《だいらさだまさ》のような奇特な殿様さえ現われる始末だった。もっとも、2万石では焼け石に水。哀れなことにあっさり〝乱心〟で片づけられてしまった。

由井正雪の乱

由井正雪の乱を題材にした歌舞伎の演目『樟紀《くすのき》流花《りゅうはな》見《み》幕張《まくはり》』。左より、初代市川左團次の丸橋忠弥、四代目中村芝翫の宇治常悦（由井正雪）、二代目澤村訥升の金井谷五郎。現在でも上演されている演目のひとつ

7月23日、密告で丸橋忠弥ら一味は一網打尽、26日、駿府町奉行配下に旅宿を包囲された由井正雪も、無念の自害に終わった。

ところで、由井正雪が軍資金にと狙った久能山の黄金だが、じつは御金蔵は空っぽだった。

財宝の大部分は寛永《かんえい》9（1632）年に江戸へ運ばれ、江戸城修築などで使い果たされてしまっていたのだ。

ともあれ、この一件後、幕府も大名家取り潰しを控え、少しは浪人対策を講じるようになったが、翌承応《じょうおう》元（1652）年9月にも戸次庄左衛門《へつぎしょうざえもん》らの叛乱未遂「承応事件」が起こる。

増上寺《ぞうじょうじ》での将軍家法会を襲撃し、老中らを鉄炮で狙撃、香典を奪う計画—やはり密告で失敗したが、思いつきというかなんというか、こちらは少々ショボい感じがする。

武士と町民の激しい抗争
――町奴・長兵衛斬捨事件

旗本奴と町奴の〝仁義なき戦い〟

17世紀半ば頃までの江戸には、旗本奴《はたもとやっこ》・町奴《まちやっこ》といわれる連中が横行していた。「かぶき者」の流れを汲む荒くれ武士と、無頼の町人たちが、長刀を差し異装を競いあっていたのだ。

明暦《めいれき》の大火（1657）から半年後の7月18日、町奴の幡随院長兵衛《ばんずいいんちょうべえ》（36歳）が、旗本・水野《みずの》十郎左衛門《じゅうろうざえもん》（45歳）の屋敷で斬り殺されるという事件が起きた（生年は通説に従う）。

3千石の大身《たいしん》旗本・水野は、いい年をして「大小神祇組《だいしょうじんぎぐみ》」という暴力団の首領を気取り、若い衆を集めては喧嘩狼藉《ろうぜき》を繰り返していた。

一方の幡随院長兵衛は、肥前国《ひぜんのくに》（長崎県）唐津《からつ》藩士の子で、もとは武士という縁故から、浅草《あさくさ》（台東区）の花川戸《はなかわど》で大名や旗本の屋敷に奉公人を斡旋する口入屋《くちいれや》を稼業としていた。気風の良さで町奴仲間に慕われ、こちらも一方の頭領を張っていた。

『当世好男子伝　公孫勝に比す幡随院長兵衛』（豊国）。公孫勝とは『水滸伝』の登場人物（国立国会図書館蔵）

幡随院長兵衛

対抗勢力同士であったが、長兵衛は罠《わな》と知りつつ「逃げては名がすたる」と和解を装った水野の招きを堂々と受け、遂に殺害されたのである。

水野は、その日のうちに町奉行所へ出頭し、「無礼の振る舞いがあったので、斬り捨てた」と報告した。旗本には〝斬捨《きりすて》御免《ごめん》〟の特権がある。

しかし天の裁きは公平だった。事件から7年後の寛文《かんぶん》4（1664）年3月26日、さらに放埓《ほうらつ》を重ねていた水野は評定《ひょうじょうしょ》所に召喚される。

その公の場に、水野は、髷《まげ》も結わない白衣姿でやってきた。ヤケになったか、長兵衛の怨念が水野を狂気に追いやったのか。不敬極まりないということで、翌日、直ちに切腹が申し渡された。

それを聞いて江戸町民たちは快哉《かいさい》を叫んだ。長兵衛の存在は美化され、後、多くの芝居や講談に取り上げられて今日に至っている。

武士とは何かを問題提起した赤穂浪士の討ち入り

動機不明の無計画刃傷事件

赤穂《あこう》藩主・浅野《あさの》内匠守《たくみのかみ》長矩《ながのり》が、江戸城松《まつ》の廊下《ろうか》で、高家《こうけ》筆頭・吉良《きら》上野介《こうづけのすけ》義央《よしひさ》に斬りかかった動機はなんだろうか。賄賂《わいろ》を贈らなかったため作法を教えてもらえず、恥をかいたからというのはどうも疑わしい。

ほかに産塩をめぐる葛藤《かっとう》説などもあるが、謎の本質は刃傷《にんじょう》事件《じけん》があまりにも無計画だった点にある。そのため近頃は、単なる〝乱心《らんしん》〟という説も有力だ。ならば、浪士たちはなぜ討ち入ったか。それは、主君の行動を〝喧嘩〟と考えたからである。

鎌倉時代から〝喧嘩両成敗《けんかりょうせいばい》〟は武家社会の掟であるが、幕府は浅野のみを罰した。吉良が無抵抗だったので、〝喧嘩〟とみなされなかったのである。元禄《げんろく》15（1702）年7月に長矩の弟・長広《ながひろ》が本家預りとなり、御家再興の望みが消えた時、大石らは自らの手で喧嘩両成敗を実現するしかなかった。

赤穂浪士の墓

東京・高輪の泉岳寺に赤穂浪士の墓がある

同年12月14日夜。四十七士（実際は46人）が本所松《ほんじょまつ》坂町《ざかちょう》（墨田区）の吉良邸を襲撃し、義央の首級《しゅきゅう》をあげた。吉良方は16人死亡、20余人が負傷。赤穂方は負傷者20数名。

だが、幕府はすぐに裁定を下せなかった。〝忠義〟ではあるが〝徒党禁止〟に反するので浪士らは処分保留、吉良の養子・義周《よしちか》は討ち入りを防げなかったので切腹、吉良の臣で戦わなかった者は斬罪――評定所一座はこういう意見を出したといわれている。

その後、儒学者・荻生《おぎゅう》徂徠《そらい》の進言で、義周は領地没収・他家預り、浪士らの徒党は公儀に背くので全員死罪、ただし武士として切腹の礼を執らせるとの最終決定が下された。

結局幕府は、刃傷事件への判断の誤りは認めようとしなかったのである。

数十万人が処罰された天下の悪法「生類憐れみの令」

「生類憐れみの令」はなかった？

「生類憐《しょうるいあわ》れみの令《れい》」は〝天下の悪法〟として有名だ。しかし、そういう名前の法令はない。5代将軍・綱吉《つなよし》（42歳）が発したのは、数十回に及ぶ「覚書《おぼえがき》」であり、具体的な指示も罰則規定もなかった。しかし、幕府の小役人たちが「覚書」を必要以上に拡大解釈した。真の恐怖は、そこにこそ存在した。

貞享《じょうきょう》4（1687）年、後継ぎのいない綱吉に「前世の報いを払うため、殺生《せっしょう》を慎みなされ」と進言したのは、彼と生母・桂昌院《けいしょういん》（61歳）が帰依する僧・隆光《りゅうこう》（39歳）だったという。現在では、それ以前から〝かわいそうだから犬猫を繋ぐな〟といった「覚書」が出ていたことが確認されているが、進言が火に油を注いだのは事実だろう。「特に犬を大切に」となったのは、綱吉が戌《いぬ》年生まれだからである。

やがて「犬目付《いぬめつけ》」が登場し、手先の「犬目明《いぬめあか》し」が暗躍した。犬の戸籍「犬別帳《けんべつちょう》」が

お囲いの範囲

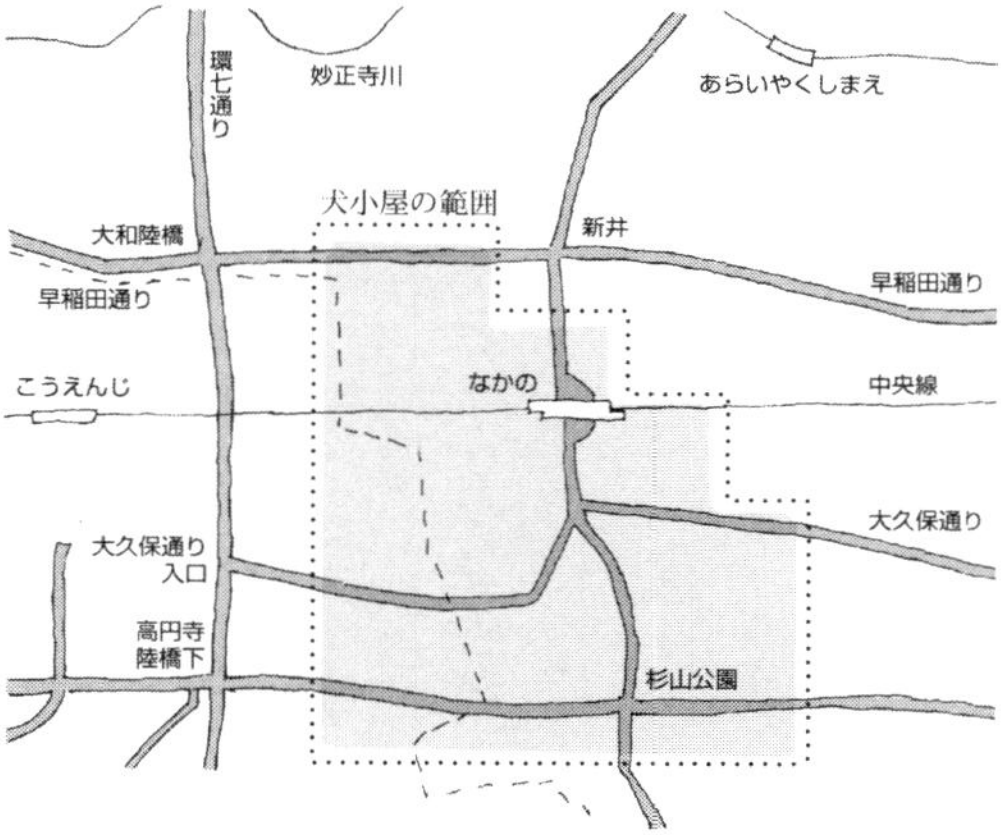

「お囲い」を現在の地図とあわせてみるとその大きさがよくわかる

作られ、各町内は「犬」の紋をつけた羽織《はおり》の番人を置いた。

犬を殺した大工を左官の娘が密告した。大工は獄門。娘には50両《りょう》（約500万円）の賞金。さらに「憐れみ」の対象は広がり、馬を捨てると追放。田畑を荒らす猪を退治して遠島。魚介類の商売も禁止。ついには、蚊を叩いて切腹の御小姓まで出た。

元禄《げんろく》8（1695）年、江戸郊外の中野《なかの》（中野区）などに建設された「お囲《かこ》い」（野犬収容所）に運ばれた犬は、最終的に10万頭余り。1頭に1日米2合《ごう》と金2分《ぶ》を充て、年間の維持費は9万8千両（約98億円）。幕府は、町・農民に臨時税、関東の諸大名にも「犬扶持《いぬぶち》」を納めさせた。宝永《ほうえい》6（1708）年に綱吉が死ぬと、6代将軍・家宣《いえのぶ》（48歳）は、遺言に逆らってこの悪法を廃止。家宣の治世はわずか3年だが、これだけでも〝名君〟といえる。

大奥を揺るがした密通疑惑・絵島生島事件の真相

お女中とイケメン役者のスキャンダル

正徳《しょうとく》4（1714）年1月14日、江戸城大奥《おおおく》の年寄《としより》・絵島《えじま》（34歳）が、幼い将軍・家継《いえつぐ》（6歳）の代理として芝《しば》（港区）の増上寺《ぞうじょうじ》へ参った。その帰り、数十人の奥女中らを連れて歌舞伎を見物し、つい帰城の門限に遅刻してしまった。

大奥の年寄とは、幕閣の地位に当てはめれば老中である。しかも、家継の生母・月光院《げっこういん》（30歳）という強力な後ろ盾がついている。本来は、〝お叱《しか》り〟くらいですむはずだ。

ところが、絵島が寄り道した場所とは、木挽町《こびきちょう》（中央区）の「山村座《やまむらざ》」で、折りしも当代人気絶頂の美男俳優・生島新五郎《いくしましんごろう》（44歳）の公演真っ最中であった。

いわく「絵島は桟敷《さじき》に新五郎を呼び入れ、その場で情交に及んだ」。いわく「以前から両名は密会を重ねていた」。

厳しい取り調べが行なわれた結果、「行状正しからず。死罪のところだが、罪一等を減

絵島と生島の密通を描いた「新撰東錦絵」の部分（国立国会図書館蔵）

じて流罪」という非情な判決が下った。

この「絵島生島事件」による処罰者は、大奥関係者、歌舞伎関係者など1500人にも上った。クビになったお女中は9名、その召使68名が追放、ほかに流罪10名、死罪2名。絵島は信濃国《しなののくに》（長野県）高遠《たかとお》で幽閉され、新五郎は三宅島に流された。「山村座」は取り潰しとなり、以後、江戸の芝居小屋は4座から3座となって幕末に至る。

史上最年少の将軍のもとで激化した権力闘争の犠牲になったという見方が、今日では妥当とされる。前将軍・家宣《いえのぶ》の正室・天英院《てんえいいん》（53歳）と月光院の対立という背景もあった。

絵島は配所の高遠で寂しく暮らし、寛保《かんぽう》元（1741）年に世を去った。

享年61歳、最後まで身の潔白を訴え続けていたという。

暴れん坊将軍が招いた御落胤騒動とは？

講談になった御落胤騒動

幕末に活躍した講釈師・初代の神田伯山《かんだはくざん》が創作した講談に「天一坊《てんいちぼう》」がある。

8代将軍・吉宗《よしむね》が、まだ紀州《きしゅう》（和歌山県）の国元にいた頃、お手つきの娘が一子をもうけた。吉宗は娘に葵紋《あおいもん》の短刀と認知の御墨付《おすみつき》を与えるが、別れてほどなく娘も子供も共に他界する。やがて時は流れ、母子の運命を知らぬまま、吉宗は紀州藩主から将軍となった。

ここに宝沢《ほうたく》という悪党が登場して、短刀と御墨付を持っていた娘の老母を殺して2品を奪い去る。そして、江戸に出て将軍の御落胤《ごらくいん》・天一坊と名乗り、証拠の品を盾に親子の対面を迫る。

しかし、名奉行・大岡越前《おおおかえちぜん》に正体を見破られ、仲間共々に捕縛される。

この講談は大評判で、歌舞伎にも採り入れられ、現代でも「大岡政談《おおおかせいだん》　天一坊」として演目にある。しかし、御落胤詐称は実話である。

天一坊と大岡越前

まず、吉宗の将軍就任後まもない享保《きょうほう》3（1718）年、早くも1人目の偽落胤《らくいん》・中川正軒《なかがわせいけん》が捕まった。

真打登場はその10年後だ。将軍御落胤を名乗る修《しゅ》験者《げんじゃ》・源氏坊改行《げんじぼうかいぎょう》が、同業の常楽院《じょうらくいん》や多数の浪人を率いて江戸で数々の詐欺行為を働いた。

改行は江戸で〝天一〟を名乗ったというから、こちらが直接のモデルである。逮捕された源氏坊は、翌享保14年4月21日に鈴ケ森《すずがもり》で獄門に処されている。

さて、懲りずに偽物が現われたのはなぜか。吉宗の足跡を辿ると、元禄《げんろく》8（1695）年に12歳で元服して越前国内に3万石を拝領。四男坊なので普通それで終わるはずが、兄たちの相次ぐ病死により22歳で和歌山55万石の藩主、35歳で将軍就任。

御三家の当主では無茶もできないから、身に覚えがあるとしたら20歳前後のことだったろう。

米価高騰に端を発した江戸初の打ち毀し

裏目に出た米の買い占め策

8代将軍・吉宗《よしむね》は〝米将軍《こめしょうぐん》〟のあだながつくほど、米価の調整に四苦八苦した。

吉宗の時代は、諸物価が高め傾向であるにもかかわらず、米価については空前のデフレ状況で、享保《きょうほう》15（1730）年には米1石《こく》（約150kg）が銀33匁《もんめ》程度にまで下落してしまっていた。銀60匁＝1両＝10万円の換算でキロ当たり360円。まさに〝激安〟である。

米価下落の原因は「正徳《しょうとく》の治《ち》」から「享保の改革」に至る一連の良貨政策にあった。貨幣の品位が上がったため、諸大名が早く現金に交換しようと手持ちの米を放出したのだ。

困った吉宗は、江戸の米商人・高間《たかま》伝兵衛《でんべえ》に米の大量買い付けを命じた。流通量を減らして米価を上げようという策だったが、皮肉なことにこれが裏目に出る。

高間伝兵衛が米を買い漁った翌年の享保17年、害虫大発生で「享保の大飢饉」が起こったのである。前年はあれほど安かった米価が、4倍の120〜130匁《もんめ》にもなった。

徳川吉宗と大岡越前守

『絵本大岡政談大全』（聚栄堂・明治26年12月刊）より八代将軍・徳川吉宗と町奉行・大岡越前守（国立国会図書館蔵）

享保18（1733）年1月26日、2千人にのぼる群衆が本船町《ほんふねちょう》の伝兵衛方を襲撃した。将軍御膝元である江戸の町で、とうとう打《う》ち毀《こわ》しが始まったのだ。群衆は、伝兵衛の買い占めが米価急騰の原因だと、店を破壊し、帳簿を引き裂いた。

騒動は1日で収まったが、町奉行・大岡忠相《おおおかただすけ》は、首謀者の町人・彦兵衛《ひこべえ》（25歳）に遠島の刑を申し渡している。

「米高間一升《しょう》二合《ごう》を粥《かゆ》に炊《た》き大岡くわぬたった越前」

〝多くは食わぬたった一膳〟と洒落《しゃれ》てみせた落首だ。

吉宗の時代は〝米本位経済〟から〝貨幣本位経済〟への転換期であり、さまざまな矛盾が噴き出した時期だった。農民一揆ばかりでなく、都市での騒擾《そうじょう》事件も各地で活発化し、やがて「大塩平八郎《おおしおへいはちろう》の乱《らん》」といった事件にもつながっていく。

鼠小僧次郎吉がヒーローとなった本当の理由とは？

〝義賊〟遂に捕縛される！

天保《てんぽう》3（1832）年5月5日、江戸浜町《はまちょう》（中央区）にある松平《まつだいら》宮内少輔《くないのしょうゆう》の屋敷外で、塀《へい》を乗り越えてきた盗賊が町奉行配下に捕縛《ほばく》された。北町奉行・榊原忠之《さかきばらただゆき》の取り調べで、盗賊の正体が鼠《ねずみ》小僧《こぞう》次郎吉《じろきち》（38歳）と明らかになると、急に江戸の町は騒がしくなった。次郎吉は、文政《ぶんせい》6（1823）年以来、10年にわたり、武家屋敷ばかり、通算で99カ所122度も忍び入ったという。

被害総額は3千120両（約3億1千200万円）。ほとんどが酒食と博打《ばくち》に使われていた。

次郎吉が〝義賊〟とされたのには訳があった。50年ほど前の天明《てんめい》5（1785）年に捕縛・処刑された稲葉《いなば》小僧《こぞう》という先輩がいたのだ。やはり武家屋敷を中心に狙い、こちらは実際に貧しい人々へ施したこともあったらしい。

この先例があったから、江戸庶民は、道端に金が落ちていようものなら「鼠様の御恵み

盗賊

通常の盗賊は複数で盗みを働いていたが、鼠小僧次郎吉は単独であったといわれる（「近代金平娘」を元に作成）

だ」とばかりに懐へ入れていた。もちろん、このような背景には、貧乏暮らしへの不満と武家に対する強い反感があったことは言うまでもない。

さて、次郎吉は、江戸「中村座《なかむらざ》」の木戸番の子であったといわれる。

武家屋敷に奉公した後、鳶人足《とびにんそく》などを勤めたが、持前の身の軽さを活かし、盗賊稼業に足を踏み入れた。

同年8月19日、市中引き廻しの上、小塚原《こづかっぱら》で鼠小僧次郎吉は磔《はりつけ》・獄門に処された。後、彼と稲葉小僧のキャラクターを混ぜ合わせた実録本『鼠《ねずみ》小僧実記《こぞうじっき》』が出版されると、鼠人気は再燃し、二代目・松林伯円《しょうりんはくえん》の講談や歌舞伎も出て大ブームとなった。

幕末の不穏な空気が、一介の盗賊を庶民の英雄としたのである。

井伊直弼の暴走で起きた血の粛清——安政の大獄

複雑に絡み合った2派の対立

「安政《あんせい》の大獄《たいごく》」の背景には、まず13代将軍・家定《いえさだ》の継嗣《けいし》問題があった。家定は政治的な指導力に欠ける上、病弱で子供がない。有能な後継者が必要と目されたが、ここで幕閣・諸大名は2派に分かれた。紀州《きしゅう》藩主・徳川慶福《よしとみ》（後の家茂《いえもち》）を推す南紀派《なんきは》と、前水戸藩主・徳川斉昭《なりあき》の子・一橋慶喜《よしのぶ》を推す一橋派《ひとつばしは》だ。

南紀派の領袖《りょうしゅう》は彦根《ひこね》藩主・井伊直弼《いいなおすけ》だ。こちらは、外交においては開国容認論である。対する一橋派は攘夷《じょうい》の急先鋒・斉昭がリーダーで、当然、開国問題には慎重だった。

安政《あんせい》5（1858）年1月、老中・堀田正睦《ほったまさよし》が日米修好通商条約調印の勅許《ちょっきょ》を得るために上京した。このままでは継嗣問題も南紀派の勝利と危機感を抱いた一橋派は、朝廷に働きかけて妨害工作に出た。井伊直弼も腹心・長野主膳《ながのしゅぜん》を京へ派遣し、堀田支援の隠密行動を命じる。水面下のスパイ合戦である。

井伊直弼

『日本肖像大観第１巻』（永井菊治編・明治41年８月刊）より、井伊直弼の像（国立国会図書館蔵）

結局、勅許は下りず、長野主膳が自分の努力不足を棚に上げて「失敗の原因は水戸・福井藩士らの暗躍」と報告したことが、直情径行な直弼を暴走させる火種となった。

井伊直弼は自ら大老《たいろう》に就任し、勅許のないまま条約に調印してしまった。斉昭、慶喜らが江戸城に駆けつけて問詰したが、動じない。

6月25日、継嗣を慶福と発表。直後に押掛《おしかけ》登城《とじょう》を理由に、斉昭、慶喜らの反対勢力を処分したのだ。

8月、朝廷から「条約調印は遺憾」とする密勅が水戸藩に下されたことを知ると、尊攘派志士らの一斉検挙を命じた。志士のうち飯泉《いいいずみ》喜内《きない》、頼三樹三郎《らいみきさぶろう》、吉田松陰《よしだしょういん》、橋本佐内《はしもとさない》が死刑。梅田雲浜《うめだうんぴん》は処刑前に牢死した。

諸藩に対する処罰は水戸藩関係者が最も重く、多数が切腹や死罪を申し渡された。

幕末の不穏な雰囲気の下で相次いだ大老・老中襲撃

水戸藩過激派の大老暗殺計画

大老《たいろう》・井伊直弼《いいなおすけ》は「通商条約調印は遺憾」とした朝廷の勅諚《ちょくじょう》が、水戸藩に下されたことを危険視した。世間に知られれば、幕府の権威失墜は避けられない。この勅諚を「戊午《ぼご》の密勅《みっちょく》」というが、幕府は朝廷に圧力をかけて勅命を引き出し、水戸藩にこれを返上させた。

だが、収まらない過激派は、密かに井伊直弼の暗殺計画を練った。当初は、暗殺と同時に横浜の外国商館も焼き打ちし、秘密裏に上洛した薩摩藩《さつまはん》の同志3千人と呼応する大計画だったというが、最終的に直弼の始末が先決問題であると判断された。

万延《まんえん》元（1860）年3月3日朝、江戸にはしんしんと雪が降っていた。やがて、脱藩《だっぱん》した水戸藩士・金子孫二郎《かねこまごじろう》（58歳）、高橋多一郎《たかはしたいちろう》（47歳）、関鉄之助《せきてつのすけ》（39歳）ら18人が潜む江戸城桜田門《さくらだもん》に、直弼の乗った駕籠《かご》が近づく——。

桜田門外の変

桜田門外の変の様子（「桜田事変絵巻」を元に作成）

白銀を泥《どろ》と血で染めた「桜田門外の変」で、直弼の首級《しゅきゅう》を挙げたのは、薩摩藩から1人加わっていた浪士・有村次左衛門《ありむらじざえもん》（22歳）である。首を抱えて逃げようとしたが、井伊家の家士に斬られ、その場で自刃《じじん》している。

井伊直弼は、護衛を増やせという周囲の忠告に耳を貸さなかったそうだ。「人数は幕法で決まっている」というのが理由だが、それが仇となった。享年46歳だった。

直弼の首を取った有村は、追いすがった彦根藩士小河原秀之丞に斬られ、若年寄遠藤胤統の屋敷前で自決した。彦根藩は直弼の首を引き渡してもらい彦根藩邸で胴体と縫合《ほうごう》された。藩は幕府に負傷届けを提出し、直弼はまだ生きていることにされた。

大老横死《おうし》はその後2カ月も秘匿《ひとく》されたが、何のことはない、関係者はみんな知っていた。もちろん、尊皇攘夷派《そんのうじょうい》の志士らにも伝わり、あちらこちらで勝利の凱歌《がいか》があがっていた。

B級エージェント・長野主膳

井伊直弼の死を秘匿せよと指示したのは、老中・安藤信正《あんどうのぶまさ》である。

彼は直弼亡き後の幕閣の中心となり、将軍・家茂《いえもち》への皇女・和宮《かずのみや》の降嫁《こうか》による〝公武合体策《こうぶがったいさく》〟を推進した。

ちなみに、この工作に際しても長野主膳《ながのしゅぜん》が暗躍している。

彼はもともと国学者で、部屋住《へやずみ》時代の井伊直弼と知り合い、直弼が彦根藩主から大老になると側近として密命を帯びるようになった。

しかし、長野主膳という男、秘密エージェントにしてはどうも頼りなかったようで、朝廷との交渉でも却って相手の態度を硬化させるようなことばかりした。

安藤信正の〝公武合体策〟自体も、朝廷や和宮本人の意向を無視したものである上、やり方があまりに強引だったため、これがまた尊攘派志士の憤激を呼び起こしてしまった。

首を守ってクビになった安藤信正

和宮が泣く泣く江戸へ下った翌年の文久《ぶんきゅう》2（1862）年1月15日、坂下門外《さかしたもんがい》で、今度

桜田門

桜田門外の変の舞台となった桜田門

は安藤信正が水戸・宇都宮《うつのみや》浪士ら6人に襲撃される。駕籠に刀を突き立てられながらも軽傷で済んだのは、用心して50人もの護衛を付けていたからだった。

本物の首は無事だったが、この「坂下門外の変」の責任を負わされ、安藤信正は老中をクビになってしまった。

とはいえ、辞める時に〝退職金〟として1万石の加増を受けた。

ところが、その後、在職中の不正を理由に、逆に2万石取り上げられて隠居・謹慎を申し渡されている。

浪士らに襲われたとき「卑怯の振る舞い」があって幕府の面目を潰《つぶ》したせいともいうが、いずれ和宮の降嫁に関わる事情だろう。ほぼ同じ頃、彦根藩が長野主膳を斬首に処している点も、興味深い事実だといえる。

新選組の〝武士の矜持〟と幕末の人斬りたち

近藤勇らが「池田屋」を急襲！

「新選組《しんせんぐみ》」の母体は、将軍・家茂《いえもち》の上洛警護のための浪士隊《ろうしたい》である。

ただ、これを幕府に進言した出羽《でわ》浪士・清川八郎《きよかわはちろう》の真の狙いは尊王攘夷《そんのうじょうい》にあったため、従わなかった近藤勇《こんどういさみ》、芹沢鴨《せりざわかも》ら13人が京都の壬生《みぶ》に残留して、京都守護職の会津《あいづ》藩主・松平容保《まつだいらかたもり》を頼った。

やがて浪士たちは、当初の隊長格・芹沢を粛清し、近藤を新たな局長として再編成されて佐幕派の〝人斬り集団〟を形成する。

元治《げんじ》元（１８６４）年5月、捕縛した志士・古高俊太郎《ふるたかしゅんたろう》を拷問にかけ、多くの長州《ちょうしゅう》浪士が京坂に潜伏しているとの情報を得た。京都警衛にあたる容保らを除き、市中に火を放って孝明天皇《こうめいてんのう》を長州へ遷すという、大胆不敵な計画が水面下で動いていたのである。

6月5日、三条の旅宿「池田屋《いけだや》」で志士らが密談しているところへ踏み込み、「新選

池田屋騒動の跡地

京都三条通りの池田屋跡

組」は十数名を斬った。維新を1年遅らせたといわれる「池田屋騒動」である。後に明治政府の元勲となる桂小五郎《かつらこごろう》（木戸孝允《きどたかよし》）は、屋根伝いに逃げて助かったと伝えられる。

さて「新選組」に対する評価は、佐幕に殉じた〝義〟の集団だったとする讃美派と、時代に逆行した狂気の群れだったとする否定派に二分される。

規律を重んじ、そのあまり非情を旨とした副長・土方歳三《ひじかたとしぞう》。子供らと鬼ごっこをする童心を持ちながら「池田屋」では酷薄な殺人鬼と化した沖田総司《おきたそうじ》……隊士1人1人の肖像にも、顕著な二面性がある。それが「新選組」の最大の謎であり、魅力といえるだろう。

新選組を突き動かしたのは〝武士としての矜《きょう》持《じ》〟であろうと想像される。近藤にしても、土方にしても、もともとは農民の出身だった。隊士の多くも庶民か下級武士の出である。

泰平の世であれば、およそ立つことのできなかった時代の波打ち際に立ち、国家を背負って闘うことになった彼らは、必要以上に〝武士〟であることを意識した。

そして、サラリーマン化した本物の武士とは異なり「新選組」がイメージし、体現した純粋な〝武士〟の肖像とは、鎌倉～戦国時代から江戸時代最初期に至るまでの〝戦闘員〟のそれにほかならなかったのだ。

幕府が崩壊しようとしていたこの時期、彼らが現われて散っていったことは、まことに象徴的である。

尊攘派の〝人斬り〟群像

「新選組」と対立した尊皇攘夷《そんのうじょうい》派の側にも〝人斬り〟と恐れられた男たちは数多くいた。中でも有名なのは、河上彦斎《かわかみげんさい》、岡田以蔵《おかだいぞう》、中村半次郎《なかむらはんじろう》こと桐野利秋《きりのとしあき》などだ。

肥後《ひご》藩士・河上彦斎は〝公武合体策《こうぶがったいさく》〟を推進する佐久間象山《さくましょうざん》を仲間と共に襲撃した。馬上の象山は傷を受けながらも馬を走らせたが、彦斎が立ちはだかり、跳ねた馬から落ちた瞬間に胴を横様に切り裂いたという。

坂本龍馬《さかもとりょうま》と親しかった土佐勤王党《とさきんのうとう》の岡田以蔵は、龍馬の依頼で勝海舟《かつかいしゅう》を護衛したこと

京都・壬生寺

新選組は京都・壬生寺（壬生寺）を本拠地としていた

がある。勤王の〝人斬り〟が幕府要人の用心棒という珍妙な事態である。

あるとき数人の志士が海舟を襲い、以蔵が抜く手も見せず1人斬って他を追い散らした。

「鮮やかだが、人殺しを楽しむのはどうかな」

「俺がいなきゃ、この死体はあんただった」

これには勝海舟も苦笑いするしかなかった。

文久2年に上洛した桐野は〝天誅《てんちゅう》〟と称して多くの佐幕派を斬殺した。

桐野は気性が荒く、近藤勇は「薩摩の半次郎にだけは手を出すな」と「新選組」隊士に訓戒していたそうだ。

一方で、軍略にも優れ、官軍の総督・西郷隆盛《さいごうたかもり》に信任された。

維新後も西郷に重用され、西南戦争《せいなんせんそう》では実質的な指揮官として戦った。

日本が揺れた激動の幕末
「大政奉還」から「戊辰戦争」まで

坂本龍馬が立案した「大政奉還」

慶応《けいおう》2（1866）年に家茂《いえもち》（21歳）が病死し、結局、慶喜《よしのぶ》（30歳）が15代将軍となる。同年12月、幕府に好意的な孝明天皇《こうめいてんのう》（37歳）が急死。タイミングが良すぎる。岩倉具視《いわくらともみ》（42歳）ら討幕急進派公家による毒殺だったともされる。即位した睦仁親王《むつひとしんのう》（明治天皇）は15歳の少年だった。

慶喜は焦《あせ》った。朝廷の名で政権剥奪が宣言されればおしまいである。そこに名案が持ち込まれる。「先手を打って自分から政権を返上してしまえ」というのだ。アドバイスしたのは土佐《とさ》前藩主・山内容堂《やまうちようどう》で、アイデアの出所は坂本龍馬《さかもとりょうま》だった。有名な『船中八策《せんちゅうはっさく》』がその原案で「大政奉還《たいせいほうかん》して憲法を作り、議会による政治を行なう」という先見的内容だ。

しかし、慶喜が描いた新体制構想は、自分が諸侯議会のトップに座るというものだった。いわば、老中合議制の幕府における大老のような立場で、必要とあらば行政・立法・軍事

鳥羽・伏見の戦地跡

鳥羽・伏見の戦いの激戦地跡の碑
（京都市伏見区）

権を単独で行使するというものだが、討幕派がこんな甘い考えを許すはずがない。

10月14日、慶喜は「大政奉還《たいせいほうかん》」を上奏するが、岩倉らはその前日に武力討幕の密勅を得ていた。得たというか、岩倉が自分で作ったのだ。かくて薩摩・長州軍が動く。

12月9日、薩摩兵を中心とする軍数千が御所を包囲し、クーデター状況の中で「王政復古《おうせいふっこ》の大号令《だいごうれい》」が発せられた。

官職辞任と領地返還を強要された慶喜は、翌慶応4年1月2日、京都の武力奪還を図って出陣する。だが、兵力で優ったにもかかわらず、3～6日の「鳥羽《とば》・伏見《ふしみ》の戦い」は惨敗に終わってしまった。

軍艦で脱出しようとした慶喜は、開祖・家康ゆかりの馬印《うまじるし》を大坂城に忘れてしまうほど狼狽していた。随行の新門辰五郎《しんもんたつごろう》に取ってきてもらい〝将軍〟

の面目を保ったという。新門辰五郎は江戸町火消「を組」の元締を兼業する侠客で、辰五郎の娘は慶喜の愛妾となっており、辰五郎はボディガードを務めていた。

ぎりぎりで回避された〝江戸総攻撃〟

倒幕勢力は、慶喜の追撃を開始した。東征大総督は有栖川宮熾仁親王《ありすがわのみやたるひとしんのう》——皇女・和宮《かずのみや》との仲を引き裂かれた元婚約者である。総督府参謀は西郷隆盛《さいごうたかもり》で、〝錦の御旗〟を先頭に、3道に分かれて江戸へ向かう。幕内には徹底抗戦の声もあったが、意気消沈した慶喜は上《うえ》野寛永寺《のかんえいじ》に引きこもってしまった。

官軍はいよいよ江戸に迫る。幕府「精鋭隊《せいえいたい》」の山岡鉄舟《やまおかてっしゅう》は西郷に直談判を試みた。敵の陣営を「朝敵・徳川の家来、山岡、通るッ！」と呼ばわりながら進む。気圧された官軍兵士たちはこれを黙認した。

鉄舟の説得で、総攻撃前日の3月14日、西郷と幕府陸軍総裁・勝海舟《かつかいしゅう》の会談が実現し、江戸城は無血開城、市街の攻撃は回避された。

国際戦争に発展した「戊辰戦争」

上野の山に立て籠った主戦派幕臣「彰義隊《しょうぎたい》」は、佐賀藩のアームストロング砲の威力

彰義隊の墓

彰義隊士の遺体は上野山内に放置されたが、三ノ輪円通寺の住職仏磨らによって、現在の上野公園の地で荼毘に付された（台東区有形文化財）

ですぐに鎮圧された。会津《あいづ》藩主・松平容保《まつだいらかたもり》ら「奥《おう》羽越列藩同盟《うえつれっぱんどうめい》」はなお抵抗したが、離脱する藩が相次ぎ、会津藩も連戦連敗の末、最後の砦・若松《わかまつ》城《じょう》も陥落した。

7月17日、天皇東幸と、江戸を〝東京〟と改称する詔書《しょうしょ》が出た。9月に年号は明治と改元。

その前に軍鑑8隻で蝦夷地《えぞち》へ向かった元幕府海軍副総裁・榎本武揚《えのもとたけあき》は、箱館五稜郭《はこだてごりょうかく》を本拠に〝蝦夷《えぞ》島共《しまきょう》和《わ》国《こく》〟を樹立した。諸外国はこれを事実上の独立国として承認している。

つまり「戊辰戦争《ぼしんせんそう》」は〝日本〟VS〝蝦夷〟の国際戦争に発展したわけである。〝日蝦戦争〟は5カ月続くが、明治2年5月、ついに五稜郭も開城した。

以降、江戸は近代国家・日本の首都として新たな道を歩み始める。

コラム

改革を諷刺した狂歌・落首

一連の幕政改革を諷刺した狂歌や川柳・落首《らくしゅ》には傑作が多い。例えば、「お世話紗綾緞子《さやどんす》な事をお紗綸子縮緬《りんずちりめん》どうな絹がよいよい」

享保《きょうほう》改革の倹約令に高級反物の名を織り込んで対抗したものだ。吉宗《よしむね》自身が木綿《もめん》を着ても、巷《ちまた》には振袖《ふりそで》などがあふれていた。「お世話紗綾（お世話様）」「縮緬どうな（面倒な）」が痛烈だ。

「東からかんの若狭《わかさ》が飛んできて野をも山をも堀江《ほりえ》荒らしろ」

農民をゴマに例えた勘定奉行・神尾若狭守《かんおわかさのかみ》（春央《はるひで》）が、配下の堀江荒四郎《ほりえあらしろう》と西国を巡検した際の落首だ。確かに、彼らの通った後には、ほんのわずかな余剰米も残らなかった。

「世の中にか程うるさきものはなしぶんぶといふて身を責るなり」「孫の手のかゆひ所へ届きすぎ足のうらまでかきさがす也」

松平定信《まつだいらさだのぶ》の文武奨励策と、隠密に隠密を付ける市中統制を皮肉った狂歌。作者は幕臣・大田《おおた》南畝《なんぽ》と噂されたが、当人は真っ青になって否定した。

天保《てんぽう》の改革時の落し噺《ばなし》。

家老、「早くお腹を召されよ」。殿、「切腹は痛いから嫌だ」。家老、「そんなら首を……」。殿、「見苦しいから嫌だ。そうだ、舌を喰い切って死のう」。家老、「舌が痛いでしょう」。殿、「俺はした（下）の痛むのは一向かまわぬ」

水野忠邦《みずのただくに》は相当嫌われたようで、「ぺいぺい角力《すもう》の力もないくせ、白河（松平定信）気取で見上げた大馬鹿、一体生まれが違うているのに、心がつかねえ大ばち当たりめ」とまで罵倒された。なるほど、定信は将軍の血筋（吉宗《よしむね》の孫）であった。

第七章

三大改革とお家騒動

改革の功罪と諸藩の事情

幕藩体制の底にある矛盾をあぶり出した享保の改革

〝幕府中興の祖〟の諸政策

享保《きょうほう》元（1716）年に8代将軍に就任した徳川吉宗《よしむね》の改革政治は、幕府の財政再建を曲がりなりにも実現した。しかし、なりふり構わない年貢増徴策や米価・物価統制策の失敗などから、最近は批判的な見方も多い。

吉宗政権の最大の特色は極端とさえいえる側近体制である。初めは自分を擁立してくれた井上正岑《いのうえまさみね》ら老中《ろうじゅう》たちに遠慮していたものの、紀州《きしゅう》から連れてきた200名以上の家臣団を身辺に配し、有馬氏倫《ありまうじのり》、加納久通《かのうひさみち》を御側御用取次《おそばごようとりつぎ》として将軍親政への布石を打った。

鷹狩復活（近郊農村の実態掌握のため）、紀州系下級武士から選抜したスパイ組織設置（後の御庭番《おにわばん》）、大奥のリストラ敢行……と、水面下ではなかなか積極的に動いていた。

老中・井上正岑が没するまでの6年間はいわば準備期間だが、その間に町奉行《ぶぎょう》・大岡《おおおか》忠相《ただすけ》を登用し、「町火消《まちびけし》」設置、両替商の株仲間結成、不正代官の処分、金銭訴訟を当事

享保の改革の主な内容

年代	出来事
享保元年（一七一六）	徳川吉宗が8代将軍となる
享保二年（一七一七）	大岡忠相を町奉行に登用する
享保四年（一七一九）	相対済まし令を発令する
享保五年（一七二〇）	「いろは四十七組」の町火消を設置する キリスト教以外の洋書の輸入を解禁する
享保六年（一七二一）	目安箱を設置する 両替商の株仲間を公認する
享保七年（一七二二）	上米の制を定める 新田の開発を奨励する 小石川養生所を設置する
享保九年（一七二四）	倹約令を発する。
享保十五年（一七三〇）	上米の制を廃止する
寛保二年（一七四二）	公事方御定書を制定する
寛保三年（一七四三）	サツマイモの栽培を奨励する

者に解決させる「相対済《あいたいす》まし令《れい》」の発布、法令集の編纂《へんさん》（後の公事方御定書《くじかたおさだめがき》）、「目安箱《めやすばこ》」設置、小石川《こいしかわ》薬園の拡張など、後々につながる重要な施策を講じている。

また、享保5年にキリスト教と無関係という条件で漢訳洋書の輸入・講読を許可した。また、薬学や博物学も奨励し、後には甘藷《かんしょ》（サツマイモ）普及の功労者・青木昆陽《あおきこんよう》を登用してオランダ語の学習を命じるという〝開明派〟ぶりを発揮した。

享保7年に直命で水野忠之《みずのただゆき》を勝手《かって》掛《がかり》老中とし、いよいよ財政改革に着手する。通りいっぺんの倹約など焼け石に水と見て、いきなり「上米《あげまい》の制《せい》」という切り札を使った。

将軍自ら「恥をかえりみず申し渡す」と前置きし、参勤交代の在府期間の半減を交換条件に1万石《ごく》につき100石割で大名に米を上納させたのだ。これで年間19万石近い増収を確保し、幕臣リストラをひとまず回避した。

〝幕府の権威〟が保たれたのか地に堕《お》ちたのか、この段階では微妙だった。

享保15年まで「上米の制」で食いつなぎつつ、幕府は年貢増徴に努めた。

豊凶に左右される「畝引検見取法《せびきけみどりほう》」から税率固定の「定免法《じょうめんほう》」に変更して率をじわじわと上げていった。

〝米将軍〟吉宗は米価調整に躍起となったが、同時に消費物資の価格安定についても悪戦苦闘が続いた。享保9年に町年寄《まちどしより》を通じて生活必需品12品目を扱う商人に問屋株仲間《といやかぶなかま》結成を命じ、同業組合組織による自主規制と価格統制という手法を本格化した。

また、元文《げんぶん》元（1736）年、通貨の流通量増大のため、幕府は品位を落とした貨幣改鋳に踏み切る。主導者は大岡忠相《おおおかただすけ》だった。これがある程度は効を奏し、米価の上昇と消費物資の価格抑止が一時的ながら実現する。だが、もちろん、これら一連の政策は、米本位経済の〝復活〟といえるものではなかった。

吉宗も初めは本気で「権現《ごんげん》様（家康）の御定め通り」を目指したのかもしれないが、奔流のような貨幣経済拡大の現状を前に、なし崩し的に方針を変更した、というのが「享保の改革」の実相だったろう。

吉宗は少なくとも凡庸ではなかったから、米本位経済への回帰はすでに不可能だと悟らざるを得なかった。

問屋株仲間による物価統制、大坂の堂島米市場《どうじまこめいちば》による米価統制など、幕府の商業政策が、結果的に商人自身の組織化・特権化による間接的なものへと向かったのはそのせいだ。

農民を〝ゴマ〟に例えた勘定奉行

その一方、元文2年に勝手掛老中となった松平乗邑《まつだいらのりさと》、勘定奉行・神尾春央《かんおはるひで》らは農村からの収奪をエスカレートさせた。

春央は「絞れば絞るほど……」と農民をゴマに例えた人物で、徴租法を「定免法」と「有毛検見取法《ありげけみとりほう》」の二本立てとした。後者は、代官が毎年の作柄を隅《くま》なく実地調査し、茶碗1杯分も見逃さずに取り立てるという血も涙もない方式である。そのため、年貢収入は前年比34万石という驚異的な増収を示す。

だが農民側はたまったものではない。苛酷《かこく》な収奪《しゅうだつ》で農村は疲弊し、天災や飢饉《ききん》への抵抗力が弱まって人口が激減した。

ともあれ、一連の政策で幕府財政は持ち直し、金蔵の中身も100万両《りょう》の大台に復帰した。だが、そうした表面的な成功とは裏腹に、幕藩体制の根底にある矛盾をあぶり出したことにこそ、この「改革」のアイロニカルな真の意味があったともいえる。

大岡忠相のもうひとつの顔は江戸の経済財政担当大臣

〝町人資本〟による新田開発

大岡越前守《おおおかえちぜんのかみ》こと大岡忠相《ただすけ》は単なる〝裁判官〟ではなかった。町奉行《ぶぎょう》であるだけでなく、忠相は享保《きょうほう》7（1722）年から「関東地方御用掛《かんとうじかたごようがかり》」という臨時特別職を兼任して農業・経済政策にも深く関与したのである。

農業政策の基本を本田畑《ほんでんぱた》の収益確保から新田開発へとシフトした「享保の改革」では、新たに商業資本の導入も図られた。財力ある町人によって開発されたこれらの新田――武《む》蔵野《さしの》新田（東京都・埼玉県）、見沼《みぬま》新田（埼玉県）、飯沼《いいぬま》新田（茨城県）など――は生産性を向上させたが、これは、武家領主―農民という関係の中で閉じられていた封建制の一角を幕府が自ら切り崩すことでもあった。

出資者は不在地主として機能し、米の商品化、農村の貨幣経済化が拡大する。つまり、忠相は、従来とは質の異なる〝町人による新田開発〟を主導・管理する役割を担《にな》ったのだ。

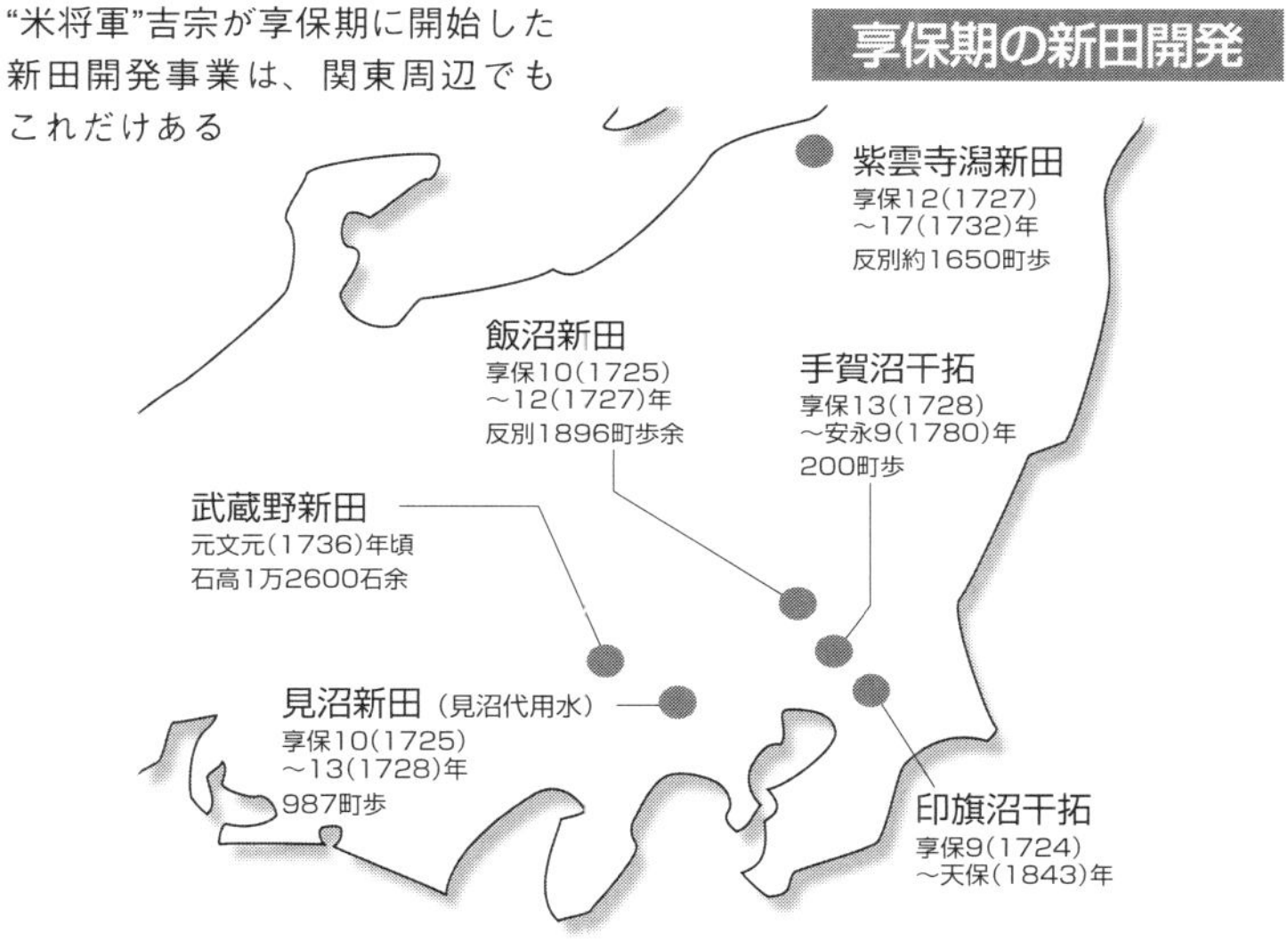

“米将軍”吉宗が享保期に開始した新田開発事業は、関東周辺でもこれだけある

大岡忠相配下の代官は、旗本《はたもと》、浪人、農民、猿楽《さるがく》師《し》などから抜擢された異色の人材ばかりであり、専門の農政官僚である「勘定所」代官にライバル視された。

今風に言えば、忠相グループは首相直属の経済財政諮問会議であり、吉宗もそれを意識し、新田を開発した代官に年貢の10％を生涯支給するボーナス制度を導入している。

ほかに、忠相は酒造制限の撤廃などを提案した。また、大坂―江戸間の米商人の主導権争いを調停したのも、元文の貨幣改鋳を実施したのも忠相であり、その功により、後に寺社奉行となり1万石《ごく》の大名に加増された。

宝暦《ほうれき》元（1751）年6月に吉宗の葬儀で委員を務め、同年12月に75歳で死去。胃炎の持病があったという。

数々の毒殺疑惑をかけられた大槻伝蔵——加賀騒動

藩主に寵愛され異例の大出世

享保《きょうほう》8（1723）年、加賀藩《かがはん》7代藩主になった前田吉徳《まえだよしのり》（34歳）は、御居間坊主《おいまぼうず》の大《おお》槻伝蔵《つきでんぞう》（20歳）を武士に取り立てた。伝蔵は足軽の子だが、その後の20年間に17回もの加増・昇進を重ね、3千800石《こく》の大身《たいしん》となった。

なぜ大槻伝蔵は出世したのか。当時の〝加賀100万石〟は、米価下落により財政状態が悪化していた。下情に通じる伝蔵は、細かい節約や借金の交渉が上手である。河川改修や新田開発といった事業にも取り組んだ。

しかし、出世につれて伝蔵に驕《おご》りが出た。利殖のため軍用金に手を付け、豪邸も建てた。延享《えんきょう》2（1745）年6月、吉徳が病死した。ところが、伝蔵が毒殺したという噂が流れた。門閥重臣の前田直躬《まえだなおみ》らが伝蔵追い落としにかかったのだ。

翌年7月に伝蔵が蟄居《ちっきょ》を命ぜられた4カ月後、新藩主・宗辰《むねたつ》が急死。再び毒殺の嫌疑を

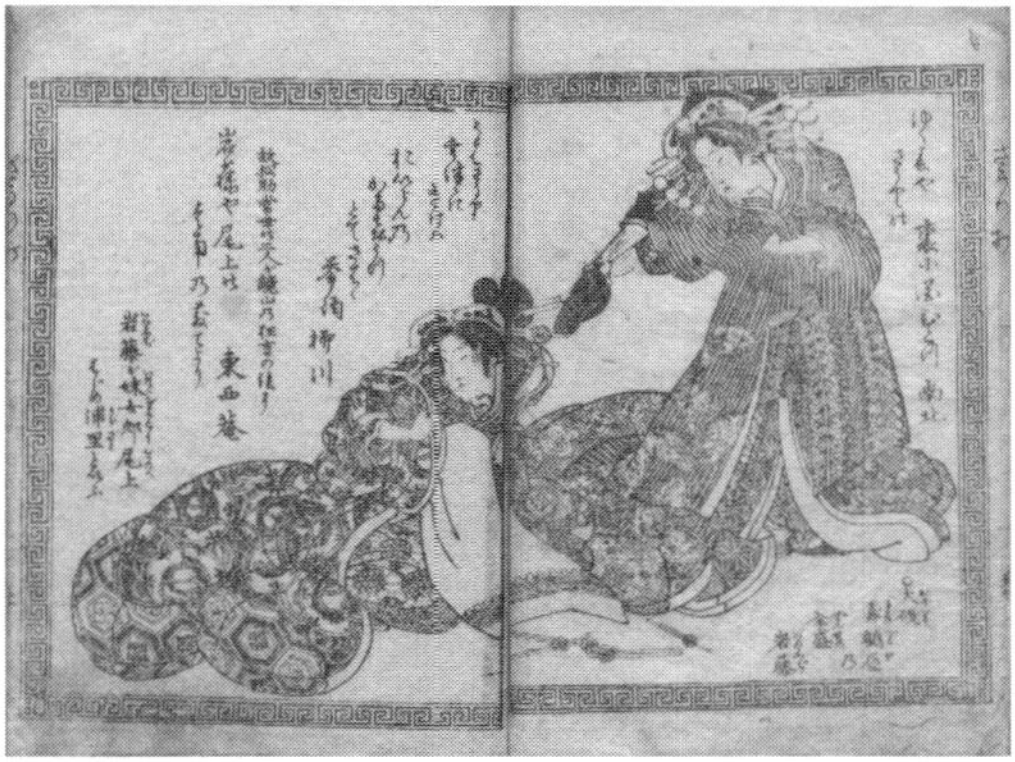

加賀騒動　加賀騒動を題材に創作された歌舞伎『加賀見山旧錦絵』の六段目の見せ場「草履打」の名場面。局・岩藤が中老・尾上を草履で打って侮辱する場。加賀騒動はスキャンダラスな事件として浄瑠璃や歌舞伎、小説、講談の題材になった

かけられ、伝蔵は越中五箇山《えっちゅうごかやま》へ流刑となる。

さらに、江戸上屋敷の奥御殿で茶釜に毒が混入するという事件が起こった。宗辰を後継した弟・重熙《しげひろ》殺害を狙ったものと見られ、調査の末に老女・浅尾《あさお》が捕らえられた。彼女は「吉徳の側室・真如院《しんにょいん》に頼まれた」と自白する。

真如院は否定したが、部屋から伝蔵の手紙が発見され、密通疑惑に発展して〝茶釜事件〟は両名の共謀ということにされてしまった。寛延《かんえん》元（1748）年9月、伝蔵は五箇山で自害した。真如院も翌年2月に病死。

その後、7代・重熙は25歳、8代・重靖《しげやす》は19歳と、加賀藩主は相次いで若死した。

人々が祟《たた》りを噂する中、宝暦《ほうれき》9（1759）年4月、金沢城をはじめ1万戸以上を焼き尽くす大火災が起こった――。

会津藩・保科正之と田中玄宰の藩政改革

農民思いだった将軍の弟

保科正之《ほしなまさゆき》は3代将軍・家光《いえみつ》の異母弟で、寛永《かんえい》20（1643）年、32歳で会津藩《あいづはん》（福島県）23万石《ごく》の藩主となった。前代の加藤家による若松城《わかまつじょう》大修築の強行により、当時の領民たちは多額の年貢《ねんぐ》を搾《しぼ》り取られ、困窮に喘《あえ》いでいた。そこに飢饉《ききん》のダブルパンチ――。正之が入国したとき、会津は、多数の農民が耕地を捨てて他領に逃げ出すという惨状にあった。

保科正之は、年貢の率を下げ、収納方法も明文化して農民を安心させた。また、常平《じょうへい》倉《そう》や社倉《しゃそう》の制度を実施した。常平倉とは、豊作なら官費で米を買い入れ、逆に凶作なら売り出して値段を安定させるという制度だ。

社倉制は、公・民がそれぞれ米や金を出し合い貯蓄しておき、飢饉などの非常事態に備えるもの。中国の朱子《しゅし》が始めたとされ、江戸時代の諸藩での実施は、これが初めてだった。

さらに、特産品である漆《うるし》・蝋《ろう》の専売制の強化で、領内経済は見違えるほど安定した。

保科正之と田中玄宰

右）高遠町歴史博物館前に建つ江戸時代の名君とされる保科正之の像。
左）小田山城にある田中玄宰の墓

時が流れ、貨幣が経済活動の中心に置かれるようになると、農業依存度の高い会津藩の財政は再び悪化してしまった。

後に〝東藩《とうはん》の名臣《めいしん》〟と称えられた田中玄宰《たなかはるなか》が34歳で家老に就任した頃には、すでにパンク寸前の状態。そこを、史上最悪の「天明《てんめい》の大飢饉」が襲う。

田中玄宰は、天明《てんめい》3（1783）年から不退転の決意で藩政改革に取り組んだ。徹底した倹約励行で、江戸藩邸の経費も容赦なく削減したが、12代藩主・松平容頌《まつだいらかたのぶ》はこれをぐっと我慢した。玄宰を登用したのは自分なのだ。

玄宰は、酒造・漆器・彫金など新しい産業を振興し、藩財政を再建した。さらに、学制・軍制も大改革し、領内の地誌『新編会津風土記《しんぺんあいづふどき》』編纂に取り組んだ。あまりに多忙なので、トイレでも原稿を書いていたという。

田沼意次の夢を砕いた寛政の改革

田沼意次が夢見た日本の近代化

江戸時代の幕閣の中で最も〝夢〟があった人物は田沼意次《たぬまおきつぐ》である。意次は吉宗《よしむね》時代の紀《き》州《しゅう》新参幕臣の子だ。禄《ろく》６００石《こく》の小姓《こしょう》から幕府老中《ろうじゅう》を務める遠江国《とおとうみのくに》相良《さがら》５万７千石の大名にまでのし上がったが、そうした立身出世をいうのではなく、時代の要請を良く理解し、自身の役割をはたそうと突き進んだ人生のあり方をここでは〝夢〟と呼ぶ。

簡単に言えば、田沼意次の〝夢〟とは日本を変えることだった。〝田沼時代〟を汚濁にまみれた金権政治の横行と捉える見方はまだ根強いが、意次を「享保《きょうほう》の改革」の正当な後継者と位置づけることも可能なのだ。

吉宗の改革政治は、米本位経済を基盤とする幕藩体制と封建制社会の行き詰まりにスポットを当て、後半は消極的ながらも貨幣経済の実態に即した政策が採られた。

将軍世子《せいし》・家重《いえしげ》の小姓としてそれを冷静に観察していた田沼意次は、後に権力を握ると、

松平定信が否定した田沼時代の政策

- ●蝦夷地開拓・入植計画の中止
- ●印旛沼・手賀沼干拓計画の中止
- ●両替商の上納金制度廃止
- ●南鐐二朱銀・真鍮四文銭の発行停止
- ●人参座・鉄座・真鍮座など専売機関の廃止
- ●一部諸商人仲間の解散
- ●側用人・御側御用取次職の廃止
- ●田沼時代の「昌平黌」教授陣罷免

寛政の改革の主な内容

年代	出来事
天明七年（一七八七）	松平定信が老中となり改革を開始する 倹約令を出す
寛政元年（一七八九）	旗本・御家人救済のために棄捐令を出す 諸大名に囲い米を命じる
寛政二年（一七九〇）	人足寄せ場を設置して浮浪人を収容する 飢饉に備えて社倉・義倉を設ける 物価引き上げ令と帰農令を出す 寛政異学の禁を出す

貨幣経済政策を積極的に打ち出していく。

たとえば、印旛沼《いんばぬま》・手賀沼《てがぬま》の干拓は、本田畑《ほんでんぱた》中心主義から新田開発に転じた吉宗農政の直接的継承である。大規模な土木工事が内需拡大を促すと、田沼意次は蝦夷地《えぞち》開拓・入植計画と構想を膨らませていった。

株仲間《かぶなかま》を公認して商人の組織化・特権化を拡大し、そこに税を課して物価調整のみならず幕府財源の確保にもつなげた。銅座・鉄座・真鍮座《しんちゅうざ》を設置したのは、銭を増鋳して都市部から農村へと広がる貨幣流通量の増大に対処すると同時に、銅を確保・輸出して金・銀を輸入し、本格的な貨幣経済時代に備えるだけの本位貨幣発行・通貨統一を実現するためだった。

また、こうした貿易政策の転換が、長期的視野に立てば将来の開国——ロシアやヨーロッパとの国交・貿易へと向かうことも、自然な流れと捉える先見性を意次は備えていた。

いわば〝幕府〟という枠組を残したまま日本を近代化することが意次の〝夢〟であり、息子・意知《おきとも》はそれを推進する手腕を有する人材だった。

だが、「浅間山《あさまやま》大噴火」「天明《てんめい》の大飢饉《ききん》」「意知殺害」「松平定信《まつだいらさだのぶ》登場」に至る一連の流れが、この〝夢〟を打ち砕く。

時代に逆行した松平定信の〝改革〟

松平定信《まつだいらさだのぶ》は吉宗の子・田安宗武《たやすむねたけ》の七男だ。将軍継承権のある定信が陸奥白河《むつしらかわ》藩松平家へ養子に出されたのは、同じく御三卿《ごさんきょう》の一橋治済《ひとつばしはるさだ》が息子・豊千代《とよちよ》（後の家斉《いえなり》）を時の将軍・家治《いえはる》の世子にしようと画策したからで、意次がそれに協力したといわれる。そのため、定信は意次を「斬る」とまで怨《うら》んでいたという。

天明7（1787）年に老中首座に就任した定信は「寛政《かんせい》の改革」を宣言する。

しかし、その骨子は私憤を込めた〝田沼政治〟の全面否定であり、祖父・吉宗の方針に倣《なら》うことを標榜《ひょうぼう》しつつ、じつは「享保改革」以前の米本位経済への無謀な回帰だった。田沼時代の事業を後始末もなしに放り出し、ようやく醸成されてきた幕府と商業資本との連繋態勢を自ら断ち切った。

さらに「棄捐令《きえんれい》」を発して5年以上経過した債権の放棄を命じる。これは総額118万7800両《りょう》にも上り、借金を抱えていた大名《だいみょう》や旗本《はたもと》らを一時的に救済したが、札差《ふださし》ら町人層には大打撃を与えた。

倹約と綱紀粛正は熱血先生・定信の看板であるが、江戸市中はたちまち禁制だらけとなり、世の中は暗くなった。「白河の清きに魚の住みかねてもとの濁りの田沼恋しき」――市民ばかりか幕臣、大奥《おおおく》の反感も買って、松平定信はわずか6年で老中を罷免《ひめん》される。

「寛政の遺老」たちの〃転向〃

改革は、松平定信が〃信友《しんゆう》〃と呼んだ松平信明《まつだいらのぶあきら》、本多忠籌《ほんだただかず》、戸田氏教《とだうじのり》ら「寛政《かんせい》の遺老」たちが引き継いだが、年貢収入は150万石程度。農民さえもが金で米を買う時代で、100年前と同じ収入で、働かない武士の生活を支えるのはもはや不可能だった。

米価下落に買米《かいまい》策で立ち向かったが効果はない。そこで、文化《ぶんか》2（1805）年に江戸の米問屋を「勘定所御用達《かんじょうしょごようたし》」に任じて貸付会所を設置したり、同10年に江戸十組仲間《とくみなかま》の有力者・杉本茂十郎《すぎもともじゅうろう》に米会所設置を認めて特権を与えるなど、商人と結託した政策へと〃転向〃した。これらは、吉宗時代の〃繰り返し〃にすぎず、商業資本との協調・発展を積極的に企図した田沼政治とは雲泥《うんでい》の差であった。

松平定信を象徴する異学の禁と綱紀粛正

〝無能政治家〟ではなかった定信

前項では「寛政《かんせい》の改革」に対して厳しい評価を下したが、もちろん別の見方もある。また、松平定信《まつだいらさだのぶ》が政治家として無能であったというわけでもない。

江戸の豪商10人による諮問機関「勘定所御用達《かんじょうしょごようたし》」を設置したり、農村復興の施策を講じたり、江戸市政面では「七分積金制《しちぶつみきんせい》」「人足寄場《にんそくよせば》」といった見るべきシステムを残したりもした。

ロシア船来航への対応も、老中《ろうじゅう》では定信が最も開明的だったし、もう少し長く政権の座にあったら、違う展開もあったかもしれない。

定信には極端な面があった。これ見よがしに胡麻味噌《ごまみそ》だけの弁当を持って登城したり「(夫婦生活は)子孫を増やすのに必要だからで、自分には性欲などない」と言ってみたり――こういう人が嫌われるというのはよくある話だ。

松平定信

『十二考古家資料写真帖』（考古学会編）より、松平定信像（国立国会図書館蔵）

　また、往々にして自分の考えを人に押し付ける。定信が「朱子学《しゅしがく》を幕府の〝正学《せいがく》〟とし、学問所でそれ以外は講義するな」と言い出した時には、ほかならぬ朱子学の総帥・林述斎《はやしじゅつさい》までが「学問の自由な発展を妨げる」と反対したほどだ。〝異学《いがく》の五鬼《ごき》〟なるレッテルを一方的に貼られた折衷学派《せっちゅうがくは》の亀田《かめだ》鵬斎《ほうさい》らは、轟々《ごうごう》たる非難の声をあげる。しかし、結局亀田鵬斎の私塾は潰れた。

　また、衣・食・住全般にわたって贅沢《ぜいたく》品の製造・販売を禁止し、ちょいとお洒落《しゃれ》な髪飾りをつけたというだけで町奉行所へ連行した。

　私娼の一斉検挙、混浴・女髪結《おんなかみゆい》禁止、小博奕《こばくち》禁止などである。

　違反者は隠密に摘発させ、怠けたり見逃したりしないよう、定信は隠密にさらに隠密をつけて見張らせたという。

時代の流れを見誤った水野忠邦の天保の改革

賄賂で勝ち取った出世の糸口

文政《ぶんせい》元（1818）年に老中首座《ろうじゅう》・勝手掛《かってがかり》に就任した駿河沼津《するがぬまづ》藩主・水野忠成《みずのただあきら》は11代将軍・徳川家斉《いえなり》の信任を背景に権力をふるった。

口さがない江戸っ子たちが「水の出てもとの田沼となりにける」と噂したように、実際、この時代には、賄賂《わいろ》の飛び交う猟官《りょうかん》運動が再び公然と行なわれた。

肥前唐津《ひぜんからつ》藩主・水野忠邦《みずのただくに》も、この〝沼〟に自ら飛び込んだ1人である。

長崎警備の任務を負う唐津藩主は幕閣入りできないのが慣例だったが、水野忠邦は沼津藩主・忠成に藩財政を傾けるほどの賄賂《わいろ》攻勢をかけ、遠江国浜松《とうとうみのくにはままつ》への国替と寺社奉行職を勝ち取った。自らの出世志向を〝青雲の要路〟と称する忠邦は、以後、幕閣の中枢を目指して邁進《まいしん》する。

その頃、幕府の財政はもうパンクしていた。歳入150万両《りょう》、歳出200万両の泥船

天保の改革の主な内容

年代	出来事
天保一二年(一八四一)	徳川家斉が病死して水野忠邦が老中となり、天保の改革が始まる 問屋株仲間の解散令を出す
天保一三年(一八四二)	諸物価の引き下げ令を出す 外国船打払い令を改めて、燃料・水・食料の給与を許可する
天保一四年(一八四三)	諸国の人別をあらため、人返し令を出す 印旛沼の干拓を命じる 江戸・大阪ともに一〇里四方の上知令を出す(翌月に撤回) 水野忠邦が罷免される

忠邦の改革はわずか2年で頓挫してしまった

を沈ませなかった〝忠成マジック〟のタネは、貨幣改鋳《かいちゅう》による出目《でめ》(改鋳益金)だ。

水野忠成は15年間に8回も改鋳を行ない、総計でおよそ570万両という差益を捻出して贅沢《ぜいたく》三昧の将軍ライフを支えた。

家斉が40人の側室に55人の子供を産ませた話は有名だが、子女と大名《だいみょう》家の婚儀縁組などの費用、外国船来航に対応する海防費用にも、忠成はひたすら出目に頼って対応したのである。

貨幣量の増大は物価騰貴・インフレの原因となる。貨幣経済が農村にまで浸透して貧富の差が広がり、農村から都市への流入者や無宿人が激増した。そこに「天保《てんぽう》の大飢饉《ききん》」が起こる。この国家存亡の危機に際し、水野忠成は老中在職のままさっさと死んでしまう。ある意味、もの凄くラッキーな人である。

大御所として君臨していた家斉が天保《てんぽう》12

（1841）年に病没すると、12代将軍・徳川家慶《いえよし》のもとで水野忠邦《みずのただくに》が老中首座となる。

ここぞとばかりに忠邦は、家斉の側近を次々に追い払って「天保の改革」を開始したが、その骨子は享保・寛政両改革への復古である。忠邦は完全に〝時代〟を見失っていた。大衆文化が成熟した江戸に厳しい倹約令と娯楽禁止令、人口減少で疲弊した農村に年貢増徴策、市場システムを無視した問屋株仲間解散令《といやかぶなかまかいさんれい》。

しかも、やり方がひどく強引だった。

農村対策の目玉は「人返し令《ひとがえしれい》」だが、食えないから都会へ出てきた農民に、ただ帰れと言っても無理な話だ。物価を下げろと言って、子供のオモチャから鮨《すし》の値段にまで口を出す。豆腐の大きさから切り方まで御触《おふれ》を出すなど、前代未聞である。

とにかく、娯楽・風俗はなんでもかんでも禁止である。異を唱えた穏健派の北町奉行・遠山の金さんを大目付に棚上げする。〝妖怪〟の異名を取った腹心・鳥居耀蔵《とりいようぞう》を南町奉行に任命し、その配下の取締掛を江戸市中に暗躍させた。

失脚を招いた強引な「上知令」

天保14年4月に水野忠邦は67年ぶりの日光社参を挙行した。カネもないのに見栄を張ったのは、改革政治を将軍権威によって補強する狙いだった。

続く6月、江戸・大坂の防備強化を名目に、忠邦は「上知令《あげちれい》」を発する。両都周辺10里四方すべての私領を収公し、代わりに遠隔地の幕領を与えるというのである。

もちろん〝外患〟対策としての防備は必要なのは事実だったが、本音はこれで増収を一気に実現しようという乱暴な強行策だった。

しかし、商品作物や特産品で収益性の高い都市近郊の土地と痩《や》せ細った田舎の幕領を交換しろと言われて、大名・旗本が素直に従うわけがなかった。

該当地の農民・町人層も反対運動に立ち上がり、大坂周辺の農民にいたっては武装までして激しい抵抗の姿勢を見せた。反対運動は幕閣にも波及し、摂津《せっつ》に飛地《とびち》領を持つ老中・土井利位《どいとしつら》がリーダー格として立つという異常事態をさえ招いた。利位は忠邦が抜擢して老中に据えた相手である。

9月7日、ついに将軍・家慶の名で「上知令」撤回が宣言され、水野忠邦は13日に罷免《ひめん》された。

その日、慌ただしく引越準備をする忠邦の役宅には、江戸の市民数千人が押しかけて罵声と石礫《いしつぶて》を浴びせたという。時計の針を200年ほど戻そうと悪戦苦闘した改革政治は失敗に終わった。

忠邦の〝青雲の要路〟は、かくして、たった2年で哀れな末路へと転じたのである。

都市経済を混乱させた問屋株仲間解散令

前代の〝改革〟に逆らった命令

水野忠邦《みずのただくに》失脚の直接原因となった「上知令《あげちれい》」における〝失敗の本質〟は、幕府にかつての権威がないことを承知で強行された点である。同様のことが経済政策にも現われていて、天保《てんぽう》12～13年に発令された「問屋株仲間解散令《といやかぶなかまかいさんれい》」はその典型例といえる。

株仲間や諸商人の組合組織は、もともと幕府によって結成を命じられたものだった。享保《きょうほう》・寛政《かんせい》の両改革において、幕府は商人に特権を与えて組織化することで、これを物価掌握・統制の手段として機能させた。

ところが、両改革に倣《なら》うはずの忠邦はこれを踏襲せず、逆に「解散令」を発したのだ。「解散令」を積極的に評価しようとすれば、諸業界の独占体制打破であり、市場への自由競争原理の導入であり、価格破壊による物価引下げ策であった。

しかし、水野忠邦にそんなビジョンがあったとは思えない。「物価高は株仲間による独

問屋街の活気

問屋街には活気が溢れていたが、「問屋株仲間解散令」後は大混乱であった（「摂津名所図会」を元に作成）

占のせいだから、解散させれば商品価格は下がる」という程度の甘い考えだったのではないか。

仲間外の商人にも自由な参入を認め、物資の流通量を増やそうという発想自体は悪くないのだが、札《ふだ》差《さし》や両替商など、大きな資本と高度なノウハウが要求される業種に素人が手を出せるはずがない。

逆に、新規参入が容易な業種は過当競争となり、買い占めや抜け駆けが横行することは火を見るより明らかだ。

幕府に強い市場統制力がないからこそ、これまで株仲間に頼ってきたというのに、解散させてどうしようというのだ。

結局、この政策は、せっかくできあがっていた商品流通のシステムを破壊し、都市経済を混乱させただけだった。さらに、問屋株《といやかぶ》が白紙となったため、金融活動もマヒ状態となってしまったのだ。

島津家親子の諍い――薩摩藩のお由羅騒動

〝火の車〟の財政と藩主の座

嘉永元《かえい》（1848）年、薩摩藩《さつまはん》72万8千石《ごく》の世子《せいし》・島津斉彬《しまづなりあきら》（40歳）は苛立ちを募らせていた。父の11代藩主・斉興《なりおき》（58歳）が、いつまでも藩主の座を明け渡さないからである。〝蘭癖《らんぺき》（洋学かぶれ）〟といわれた祖父・重豪《しげひで》の薫陶《くんとう》を受けて育った斉彬は、洋学や海外の情勢に通じ、幕府老中・阿部正弘《あべまさひろ》ら開明派大名たちから、国政への参加を嘱望されていた。

一方、当時の薩摩藩は、重豪がつくった500万両もの負債整理の目処が、やっと立ったばかりであった。家老の調所広郷《ずしょひろさと》は、そのために国禁の密貿易にまで手を染めたのである。斉興や広郷は、斉彬が蘭癖と国事に藩の金を注ぎ込むに違いないと恐れていた。

この年5月、斉彬の二男・寛之助《ひろのすけ》（4歳）が死んだ。床下から調伏《ちょうぶく》に使う人形が見つかり「お由羅《ゆら》の方様《かた》の依頼で、兵道家・牧仲太郎《まきちゅうだろう》が呪殺した」という噂が家中に広まった。

お由羅は斉興の愛妾で、彼女が調所広郷らと組んで、斉彬を除き、息子・久光《ひさみつ》（32歳）

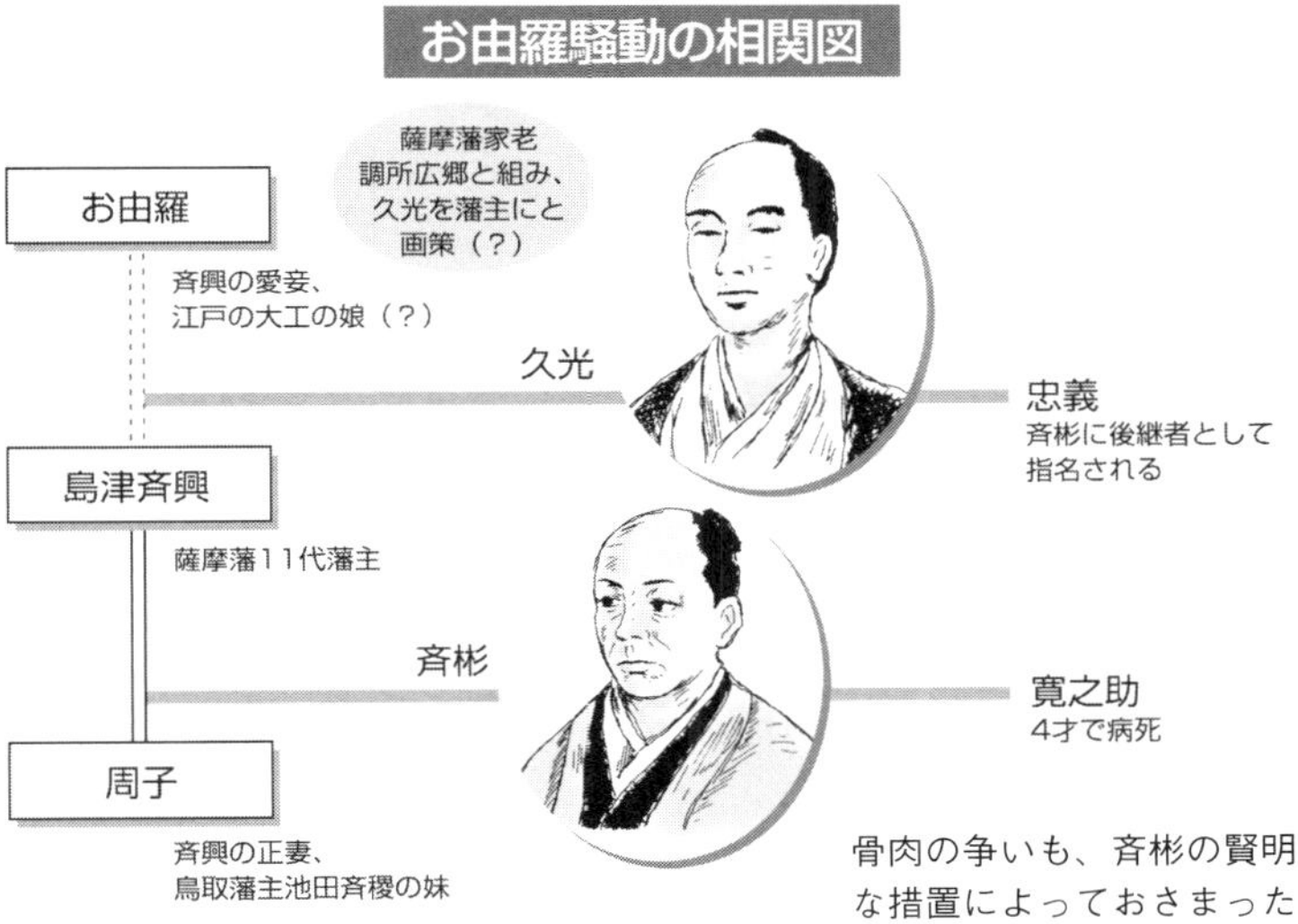

骨肉の争いも、斉彬の賢明な措置によっておさまった

を藩主とするために画策した陰謀だというのである。

それまでにも斉彬の子が次々と夭逝《ようせい》していたので疑惑が膨らみ、激昂した家中の斉彬派は逆にお由羅と久光を暗殺しようと企《くわだ》てる。しかし、これは事前に発覚して6人の首謀者は切腹を命じられた。お由羅への愛ゆえか、斉興はそのうち2人の遺骸を磔《はりつけ》にし、1人を鋸引《のこぎりびき》にしたという。

しかし、脱走者が斉興の弟・福岡藩主の黒田斉溥《くろだなりひろ》に訴え、斉溥らが老中の阿部に善後策を一任した。正弘は、幕府の名において斉興に隠居を勧告する。嘉永4(1851)年2月、43歳にして斉彬の藩主就任が実現した。

後に、死に臨んで斉彬は、自ら久光の子・忠義《ただよし》を後継に指名している。

家中騒動の再燃を回避するための賢明な措置であった。

幕府の思惑もあった〝化猫怪談〟の鍋島騒動

名門嫡子の自殺未遂事件

嘉永《かえい》6（1853）年、3世・瀬川如皐《せがわじょこう》作の歌舞伎『花嵯峨猫魔稿《はなのさがねこまたそうし》』が、佐賀藩《さがはん》からの抗議により上演中止となった。これは、佐賀藩草創期のお家騒動をもとにした〝化猫《ばけねこ》物語〟で、旧領主の後裔《こうえい》の怨念を背負った怪猫が美女に変化し、主家を乗っ取った鍋島《なべしま》家に数々の害をなすという筋書で、元ネタがある。

本来、佐賀35万石を継承するはずの龍造寺高房《りゅうぞうじたかふさ》（22歳）は、なぜか江戸の屋敷に仮住まいのままだった。

やがて慶長《けいちょう》12（1607）年3月3日、高房は妻を斬り殺して自殺を図る。

佐賀城は、家臣の鍋島直茂《なべしまなおしげ》（70歳）が、幕府公認の家宰として守っていた。また、直茂の息子・勝茂《かつしげ》（28歳）は徳川家の娘を妻とし、諸大名に伍している。

直茂が優れた人物であるのは事実だが、じつはそれだけではなく、従順な鍋島父子に佐

鍋島騒動

左）高野山奥の院・肥前鍋島家墓所。
右）『佐賀怪猫退治　鍋島騒動』（駸々堂編輯部編）の挿し絵。鍋島化け猫騒動は歌舞伎でも取り上げられた題材となった
（国立国会図書館蔵）

賀を統治させたほうが好都合という幕府の思惑も働いていたのである。

龍造寺高房は、半年後の9月6日に死んだ。生魚を喰らって馬を乗り回したため、切腹未遂の傷口が破れたのだという。明らかに自殺のやり直しである。

高房の遺骨が佐賀に戻った直後から、深夜、白装束の騎馬武者が城下をうろつくという噂が立ちはじめた。さらに、家士が相次いで変死を遂げ、鍋島直茂も、この騎馬武者の霊だけは怖れた。

慶長15年、直茂は隠居し、勝茂が正式に初代佐賀藩主になる。

直茂は元和《げんな》4（1618）年6月に81歳で没した。

それからも、高房の遺児を名乗る僧・伯庵《はくあん》、龍《りゅう》造寺《ぞうじ》主膳《しゅぜん》、朝山将監《あさやましょうげん》といった者たちが、幕府に龍造寺家再興の訴状を提出し、騒動は30年以上も収まらなかった。

【主要参考文献一覧】

●原典史料

『寛政重修諸家譜』高柳光寿ほか編（続群書類従完成会）／『江戸町触集成』近世史料研究会編（塙書房）／『江戸繁昌記』寺門清軒（平凡社東洋文庫）／『守貞謾稿』喜多川守貞（東京堂出版）／『続徳川実紀』（新改増補国史大系）（吉川弘文館）／『大日本近世史料』東京大学史料編纂所編（東京大学出版会）／『徳川実紀』（新改増補国史大系）（吉川弘文館）／『俳風柳多留』（岩波文庫）／『武江年表』斎藤月岑（平凡社東洋文庫）

●辞典・辞典類

『江戸学事典』西山松之助ほか編（弘文堂）／『江戸時代人づくり風土記』大江戸万華鏡』（農山漁村文化協会）／『江戸東京学事典』小木新造ほか編（三省堂）／『国史大辞典』大石慎三郎ほか編（吉川弘文館）／『図録近世武士生活史入門事典』武士生活研究会編（柏書房）／『図録農民生活史事典』秋山高志・北見俊夫ほか編（柏書房）／『大江戸ものしり図鑑』花咲一男監修（主婦と生活社）／『東京市史稿　産業編』（東京都公文書館）／『日本史事典』高柳光寿・竹内理三編（角川書店）／『日本史総合年表』加藤友康ほか編（吉川弘文館）／『日本史総覧』児玉幸多ほか編（新人物往来社）／『日本歴史人物事典』朝日新聞社編（朝日新聞社）／『藩史大事典』藤野保・木村礎・村上直編（雄山閣）／『復元江戸生活図鑑』笹間良彦（柏書房）

●一般図書

『江戸の旅』今野信雄（岩波新書）／『サラリーマン武士道』山本博文（講談社現代新書）／『シーボルト参府旅行中の日記』シーボルト・斎藤信訳（思文閣出版）／『ビジュアル・ワイド江戸時代館』（小学館）／『ビジュアル百科江戸事情』（ＮＨＫデータ情報部）／『一外交官の見た明治維新』サトウ・坂田精一訳（岩波書店）／『岩波講座日本歴史』（岩波書店）／『鬼平と出世』山本博文（講談社現代新書）／『江戸お留守居役の日記』山本博文（講談社文庫）／『江戸ことば・東京ことば　上下』松村明（教育出版）／『江戸と江戸城』内藤昌（鹿島出版会）／『江戸の役人事情』水谷三公（ちくま新書）／『江戸語事典』三好一光　編（青蛙房）／『江戸参府旅行日記』ケンペル・斎藤信訳（平凡社東洋文庫）／『江戸時代』大石慎三郎（中公新書）／『江戸時代』北島正元（岩波新書）／『江戸東京物語』新潮社編（新潮文庫）／『江戸文化評判記』中野三敏（岩波新書）／『江戸名物評判記案内』中野三敏（岩波新書）／『講座日本歴史』（東京大学出版会）／『再現日本史』（講談社）／『三田村鳶魚全集』（中央公論社）／『参勤交代』山本博文（講談社現代新書）／『週刊朝日百科　日本の歴史』（朝日新聞社）／『新書・江戸時代』大石慎三郎ほか（講談社現代新書）／『図説江戸』平井聖監修（学習研究社）／『生かしておきたい江戸ことば４５４５０語』澤匿い江戸ことば４５０語』澤田一矢（三省堂）／『大君の都――幕末日本滞在記』オールコック・山口光朔訳（岩波書店）／『大系日本の歴史』（小学館）／『大江戸生活事情』石川英輔（講談社文庫）／『長崎聞役日記』山本博文（ちくま新書）／『田緒庶文（ちくま新書）／『田緒夕意次の時代』大石慎三郎（岩波書店）／『日本の近世』（中央公論社）／『日本の歴史』（中央公論社）／『日本古典文学大系』（岩波書店）／『日本思想大系』（岩波書店）／『日本全史』（講談社）／『馬琴一家の江戸暮らし』高牧實（中公新書）

監修者紹介
山本博文（やまもと ひろふみ）

1957年、岡山県生まれ。東京大学文学部国史学科卒業。1982年、同大学院人文科学研究科修士課程修了。現在、東京大学史料編纂所教授。専門は日本近世史。『江戸お留守居役の日記』で第40回日本エッセイスト・クラブ賞を受賞。武士や大奥、江戸庶民の実態など、新たな江戸時代像を提示している。
主な著書に、『歴史をつかむ技法』『「忠臣蔵」の決算書』（以上、新潮新書）、『歴史の勉強法』（PHP新書）、『決定版 江戸散歩』（角川書店）、『現代語訳 武士道』（ちくま新書）など多数。

カバーイラスト
紗久楽さわ（さくら さわ）

大阪府出身。漫画家。繊細で色気あふれる絵柄で人気を博し、幕末の歌舞伎を題材に取った『かぶき伊左』で連載デビューを果たす。畠中恵原作の人気時代小説シリーズ『まんまこと』のコミカライズなど、江戸風俗描写には定評がある。その他、既刊に『百と卍』『あだうち 江戸猫文庫』など。

※本書は2003年10月、弊社発行『面白いほどよくわかる江戸時代』を大幅に再編集したものです。

【スタッフ】
編集協力／株式会社風土文化社
本文イラスト／小野祐治（ブリスイメージズ）
カバーデザイン／市川さつき（ISSHIKI）
本文デザイン／玉造能之（ISSHIKI）

面白《おもしろ》くてよくわかる
新版《しんぱん》 江戸《えど》の暮《く》らし

2018年5月10日　第1刷発行

監修者　山本博文
発行者　中村 誠
DTP　株式会社公栄社
印刷所　図書印刷株式会社
製本所　図書印刷株式会社
発行所　株式会社日本文芸社
〒101-8407
東京都千代田区神田神保町1-7
TEL03-3294-8931（営業）　03-3294-8920（編集）

ISBN978-4-537-26188-2　112180418-112180418 Ⓝ 01
編集担当・水波 康
URL https://www.nihonbungeisha.co.jp/